Printed by Libri Plureos GmbH in Hamburg,
Germany

9 789358 722154

اردو شاعری میں تاج محل

(شعری انتخاب)

شجاع خاور

© Taemeer Publications LLC

Urdu Shairi mein TajMahal *(Poetry)*

by: Shuja Khawar

Edition: October '2024

Publisher :

Taemeer Publications LLC (Michigan, USA / Hyderabad, India)

ISBN 978-93-5872-215-4

مرتب یا ناشر کی پیشگی اجازت کے بغیر اس کتاب کا کوئی بھی حصہ کسی بھی شکل میں بشمول ویب سائٹ پر اَپ لوڈنگ کے لیے استعمال نہ کیا جائے۔ نیز اس کتاب پر کسی بھی قسم کے تنازع کو نمٹانے کا اختیار صرف حیدرآباد (تلنگانہ) کی عدلیہ کو ہو گا۔

© تعمیر پبلی کیشنز

کتاب	:	**اردو شاعری میں تاج محل**
مرتب	:	**شجاع خاور**
صنف	:	شاعری
ناشر	:	تعمیر پبلی کیشنز (حیدرآباد، انڈیا)
سالِ اشاعت	:	۲۰۲۴ء
صفحات	:	۱۶۰
سرورق ڈیزائن	:	تعمیر ویب ڈیزائن

شجاع خاور اردو شاعری میں تاج محل

اردو شاعری میں

تاج محل

ترتیب:-

شجاع خاور

انتساب

محترم ظفر ادیب کے نام جو مجھے 'تو' سے بھی مخاطب کرتے ہیں، 'تم' سے بھی اور 'آپ' سے بھی۔

شجاع خاور

کہاں کیا ہے!

۱	مجھے کہنا ہے کچھ اپنی زبان میں	۹
۲	نظیر اکبرآبادی	۱۵
۳	سیماب اکبرآبادی	۲۱
۴	خان احمد حسین خاں	۲۵
۵	صاحبزادہ میکش	۲۹
۶	احسان دانش	۳۳
۷	سکندر علی وجد	۳۷
۸	عرش ملسیانی	۴۱
۹	ساحر لدھیانوی	۴۵
۱۰	فارغ بخاری	۵۰
۱۱	جگن ناتھ آزاد	۵۴
۱۲	اختر اورینوی	۵۷
۱۳	سلام مچھلی شہری	۶۰
۱۴	ظفر ادیب	۶۲
۱۵	وارث کرمانی	۷۰
۱۶	پریم وار برٹنی	۷۳
۱۷	مہدی نظمی	۷۷
۱۸	اخضر بریلوی	۸۰
۱۹	یحییٰ اعظمی	۸۳
۲۰	علیم اختر مظفر نگری	۸۷
۲۱	حرمت الاکرام	۹۱

۱۲۷	شہریار تہرانی	۳۲	۹۵	محمود سعیدی	۲۲
۱۳۱	ضیاء جالندھری	۳۳	۹۷	طالب چکوالی	۲۳
۱۳۴	سلیم بدایونی	۳۴	۹۹	امجد نجمی	۲۴
۱۳۷	سعید عقاب	۳۵	۱۰۱	ساحل سلطانپوری	۲۵
۱۴۱	اکبر وفا قاضی	۳۶	۱۰۴	بیکم پال اشک	۲۶
۱۴۵	جمال صابری	۳۷	۱۰۸	محمد عسکری سروش طباطبائی	۲۷
۱۴۹	شہاب جراد آبادی	۳۸	۱۱۴	افضل پشاوری	۲۸
۱۵۳	عارف بیابانی	۳۹	۱۱۶	شجاع خاور	۲۹
۱۵۷	شہاب قاضی پور	۴۰	۱۲۰	ساحل موئگیری	۳۰
۱۵۸	ارمان نظام نگری	۴۱	۱۲۴	شمس غازی آبادی	۳۱

۹

مجھے کہنا ہے کچھ اپنی زباں میں

جو بنیادی باتیں اس کتاب کی ترتیب دینے کے لئے محرک ہوئیں ان کے پیش نظر اس کی قطعاً ضرورت نہیں کہ تاج محل سے متعلق تفصیلات بھی دی جائیں۔ اس سلسلے میں صرف اتنا کہہ دینا کافی ہے کہ دنیا نے اپنی سات عجائبات میں سے اسے ایک تسلیم کیا ہے۔ یہاں ہمیں صرف یہ واضح کرنا ہے کہ اس نے اُردو کے شعراء کو کس کس پہلو سے متاثر کیا اور شعراء نے اسے کس کس زاویۂ نظر سے دیکھا۔

اُردو شاعری کو نظیر اکبرآبادی سے اب تک جن تاثرات نے نقش و نگار سے آراستہ کیا ہے ان میں سے کافی تاج سے متعلق ہیں ان مختلف تاثرات کو یکجا کرنا جہاں تاج کی رنگا رنگ تصاویر پیش کرتا ہے، وہ تصاویر جن کا تعلق جذبات اور احساسات سے ہے، وہاں اُردو شعراء کی ہمہ گیری کو بھی اجاگر کرتا ہے۔ اُردو کا شاعر کچھ زیادہ ہی تنوع پسند واقع ہوا ہے کسی ایک چیز سے متعلق اتنی تصویریں کہیں نہیں ملتیں جتنی اُردو شاعری میں ملتی ہیں جس موضوع کو بھی اُردو شاعری نے اختیار کیا ہے اس میں یکرنگی کی بجائے رنگا رنگی پائی جاتی ہے۔ تاج چونکہ حسن اور عشق دونوں کا ہی (SYMBOL) نشان ہے اس لئے اُردو شاعر اس جانب اکثر متوجہ ہوئے اس کی تاریخی یا تعمیری اہمیت قابلِ التفات نہیں ٹھہرتی ہے۔ اگر اس کا دامن آفاقیت سے وابستہ نہ ہوتا تو اس پر گنتی کی نظمیں بھی نہ کہی جاتیں۔ اُردو شاعر کے لئے آفاقیت میں کشش موجود ہے

جہاں یہ رونما نہیں ہوتی وہاں سے اُردو شاعر کی نظر گذر جاتی ہے اور اس کے کسی پہلو پر بھی توجہ نہیں دیتی کیونکہ وہ ازل سے ابد تک گرفت میں لینا چاہتا ہے کسی ایک عصر یا کسی ایک دور کو نہیں، وہ ہر زمانے میں زندہ رہنا چاہتا ہے اور یہ اسی وقت ہو سکتا ہے کہ اس کی تخلیق بھی ہر زمانے میں ہر زمانے کی سمجھی جائے۔ اس کی فطرت سکونی نہیں حرکی ہے کیونکہ اُردو زبان کا مزاج بھی حرکی ہی ہے کوئی شعور مند اس کے اس پہلو کی طرف سے آنکھیں بند نہیں رکھ سکتا اس نے غالباً ہر للکار پر کان دھرے ہیں۔

خواہ وہ للکار ہمالہ کی بلندیوں سے آئی ہو یا دریاؤں کی روانیوں سے تاج کے حسن نے بھی اسے للکارا اور اس نے اس للکار کو اکارت نہیں جانے دیا اس لئے اس کے جواب میں جو نقوش اس نے ابھارے ہیں وہ تاج ہی کی طرح حسین و جمیل ہیں، ابدی تو وہ تاج سے بھی زیادہ ہیں۔ اگر یہ صورت ممکن نہ ہوتی تو اُردو شاعر اوّل تو اسے موضوع ہی نہ بناتے دوسرے اس سے متعلق نظمیں اسقدر افادی نہ ہوتیں جسقدر موجودہ صورت میں ہیں۔

ان نظموں پر تبصرے یا تجزیئے اس کتاب کو تخلیق کا درجہ دے دیتے ہیں یہ کتاب محض ترتیب نہیں رہنے پائی کیونکہ ہر نظم پر اسی کے زاویۂ فکر کی روشنی میں تبصرہ کیا گیا ہے۔ اس لئے کہیں ایسا نہیں ہونے دیا گیا کہ جو بات ایک جگہ کہہ دی گئی ہے وہی دوسری جگہ بھی دہرا دی گئی ہے ورنہ یک رنگی پیدا ہو جاتی اور پڑھنے کے لئے کشش باقی نہ رہتی۔ اس کے لئے کبھی کوئی دانستہ کوشش یا زبردستی کی کھینچ تان نہیں کی گئی ہے جہاں تک انداز فکر، اسلوب اور اظہار نے اجازت دی ہے وہیں اس میں رنگا رنگی لائی گئی ہے اور یک رنگی پیدا نہیں ہونے دی گئی۔

ان نظموں کی فراہمی کے لئے ہر ممکن صورت اختیار کی گئی اس لیے ایک باقاعدہ اور خاصے طویل عرصے تک دید و دریافت کے بعد یہ نظمیں دستیاب ہوئی ہیں۔ کچھ نظمیں ملیں لیکن وہ انتخاب کے لئے مناسب نہیں سمجھی گئیں۔ کیونکہ میں نہیں چاہتا تھا کہ کتاب اپنے عدم تنوع سے بغیر دلچسپ اور بے کشش ہو جائے یا صرف بڑے نام گنا دیئے جائیں۔ میں نے ان نظموں کی بھی روح ہی پیش کی ہے۔ لیکن اس کا ہر حال میں خیال رکھا گیا ہے کہ نظم اپنے متعلقات اور لوازمات سے محروم نہ ہو جائے۔ اگر ایسا نہ کرتا تو یہ کتاب اپنے حجم میں دوگنی سے زیادہ ہی ہو جاتی اور اس کا کوئی خاص فائدہ بھی نہ ہوتا سوائے اس کے کہ طوالت بڑھ جاتی اور وہ باتیں بری طرح محسوس ہوتیں جو صرف زیب داستاں کی خاطر بڑھائی جاتی ہیں۔ اس سے ہر نظم کا غالب عنصر نکھر کر سامنے آگیا اور کچھ زیادہ ہی وہ نظم توجہ کش ہو گئی میں نے اپنی طرف سے یہی کوشش کی ہے اور اسی پہلو کا زیادہ خیال رکھا ہے۔ اس کے علاوہ میں نے انداز فکر پر تبصرہ کیا ہے اور جو کچھ کہا گیا ہے اس کا جائزہ لیا ہے، بیشتر ہیئت کے پہلوؤں سے بحث نہیں کی۔ نظم پر نظر ڈالتے ہوئے صوری پہلو بھی پیش نظر رہے ہیں اور معنوی بھی! ہر نظم کو اسی آئینے میں دیکھا گیا ہے جو اس نظم میں مواد، اسلوب اور اظہار سے ترکیب پایا ہے اور کسی غیر متعلق امر کو درمیان میں لا کر بحث کو طول نہیں دیا گیا۔

اس کے ساتھ ساتھ فنی آہنگ کو بھی نمایاں کرنے کی کوشش کی ہے، تاکہ قاری کے دل و دماغ فکر و خیال اور جذبات و احساسات کوئی ایسی تصویر اپنے سامنے پائیں جو شاعر نے اپنے احساسات، جذبات اور خیال و فکر کو دکھائی تھی لیکن قاری کے لئے اپنے دل و دماغ کو آزاد چھوڑ دینا شرط ہے اس وقت تک

جب تک وہ نظم اور تبصرہ پڑھ نہ لیں۔ اگر وہ شروع ہی سے اپنے دل و دماغ کو اپنے اوپر طاری کئے رکھیگا اور مجھ سے شاعر اور میرے ساتھ نہیں رہیگا تو میرا مقصد پورا نہ ہوگا اور وہ صرف اپنی چاہی ہوئی تصویر دیکھے گا۔ نظریاتی یا نیم نظریاتی نظموں کے جائزے میں بغیر جانبدار رہا ہوں میرے پیش نظر ہر نظم کا مرکزی خیال رہا ہے۔ اور یہ دیکھا ہے کہ یہ نظم کی فضا کہاں تک بنا تا ہے کہاں تک اظہار پاتا ہے کہاں تک الفاظ و بیان اس سے ہم آہنگ ہوتے ہیں اور کہاں تک ساتھ دے کر ساتھ چھوڑ گئے ہیں۔

میری نظم بھی اس کتاب میں شامل ہے، خود تبصرہ تو کسی طور سے بھی مناسب نہ تھا اس لئے محترم ظفر ادیب صاحب کو اس کے لئے زحمت دی گئی۔

موجودہ زمانے میں یہ رجحان عام ہو چلا ہے کہ تنقید نگار مغربی اقدار کا ذکر اپنی تنقید کو باوقار بنانے کے لئے کرتے ہیں۔ بعض اوقات تو اس روش پر ہنسی آتی ہے۔ کیونکہ کوئی خاص ضرورت محسوس نہیں ہوتی کہ اس قسم کا تذکرہ بھی ہو ان جگہوں پر تو یہ احساس اور زیادہ شدید ہو جاتا ہے۔ جہاں واقعی اس کی ضرورت نہیں ہوتی میں مغربی تنقید سے استفادے کا منحرف نہیں ہوں۔ لیکن اسے اپنی تنقید میں گھسیٹ لانے کا قائل نہیں، نقاد کو اپنی بات کہنی چاہیئے یہ نہیں کہ اپنی بات کہنے کیلئے یہ سہارے ضروری سمجھ لئے جائیں۔ اس سے تو یہ بھی سمجھا جا سکتا ہے کہ نقاد کو اپنی بات پہ یا اپنی بات کے کہنے کے انداز پر اعتماد نہیں ہے۔ قاری کو یہ موقع نہیں دینا چاہیے کہ وہ یہ سوچنے پر مجبور ہو جائے

۱۲

کہ نقاد اڑنے کے لئے پر بھی دوسروں سے مستعار لے رہا ہے۔ اگر معیاری تنقید یہی ہے کہ تخلیق پر اظہار خیال کرتے ہوئے اتنی دور نکل جایا جائے کہ اس تخلیق کا وجود برائے نام رہ جائے اور دوسری باتوں کا ڈھیر لگ جائے۔ تو میں اعتراف کرتا ہوں کہ اس کتاب میں مجھ سے معیاری تنقید و تبصرہ نہیں ہو سکا ہے!۔

ان شاعروں کا جن کی نظمیں اس کتاب کی زینت بنی ہیں ان رسائل کے ایڈیٹر حضرات کا جن سے بعض نظمیں لی گئی ہیں اور اپنے معاونین کا شکریہ تو صرف رسمی ہی ہوگا اور میں کوئی رسمی چیز پسند نہیں کرتا۔ لیکن میں اس سلسلے میں ہر ایک تعاون کے لئے شکر گزار ہوں۔

آخری بات یہ کہنی ہے کہ قاری اس بات کو ذہن میں رکھ کر ان تبصروں سے متعلق کوئی رائے قائم کرے کہ یہ تبصرے ایک ہی موضوع سے متعلق نظموں پر کئے گئے ہیں اور اس وجہ سے میں کوئی ایسا میدان نہیں پا سکا جس سے میں ان کی توقعات زیادہ بڑے پیمانے پر پوری کر سکتا، بہر حال اس محدود میدان میں اپنے طور پہ جو کچھ بھی تقاضے بہتر انداز سے ممکن ہو سکے ہیں۔ اس سے پہلو تہی نہیں کی گئی میں امید کرتا ہوں کہ اس کتاب کے قاری یہ خود بھی محسوس کر لینگے اور اس کا اعتراف کر لیں گے۔

شجاع خاور

۸، دسمبر ۱۹۶۷ء

دہلی۔

اردو شاعری میں تاج محل

۱۵

نظیر اکبر آبادی

تاج گنج کا روضہ

یارو جو تاج گنج یہاں آشکار ہے
مشہور اس کا نام بہ شہر و دیار ہے
خوبی میں سب طرح کا اسے اعتبار ہے
روضہ جو اس مکان میں دریا کنار ہے
نقشے میں اپنے یہ بھی عجب خوش نگار ہے

روئے زمیں پہ یوں تو مکاں خوب ہیں یہاں
پر اس مکاں کی خوبیاں کیا کیا کروں بیاں
سنگِ سفید سے جو بنا ہے قمر نشاں
ایسا چمک رہا ہے تجلّی سے یہ مکاں
جس سے بلور کی بھی چمک شرمسار ہے

۱۶

گنبد ہے اس کا زورِ بلندی سے بہرہ مند
گرد اس کے گمزیاں بھی چمکتی ہوئی ہیں چند
اور وہ کلس جو ہے سرِ گنبد سے سر بلند
ایسا ہلال اس میں سنہرا ہے دل پسند
ہر ماہ جس کے خم پہ مہِ نو نثار ہے

گنبد کے نیچے اور مکاں ہیں جو آس پاس
وہ بھی برنگِ سیم چمکتے ہیں خوش اساس
برسوں تک اس میں رہیے تو ہووے نہ جی اداس
آتی ہے ہر طرف سے گل و یاسمن کی باس
ہوتا ہے شاد اس میں جو کرتا گزار ہے

ہیں بیچ میں مکاں کے وہ دو مرقدیں جو یاں
گرد ان کے جالی اور محجّر ہے درفشاں
سنگین گل جو اس میں بنائے ہیں تہ نشاں
پتی کلی سہاگ رگ و رنگ ہے عیاں
جو نقش اِس میں ہے وہ جواہر نگار ہے

۱۷

دیواروں پر ہیں سنگ میں نازک عجب نگار
آئینے بھی لگے ہیں مجلّیٰ ہو تاب دار
دروازے پر لکھا خطِ طغرا ہے طرفہ کار
ہر گوشہ پر کھڑے ہیں جو مینار اس کے چار
چاروں سے طرفہ اوج کی خوبی دوچار ہے
پہلو میں ایک برج بسی کہتے ہیں اسے
آتے نظر ہیں اس سے مکاں دور دور کے
مسجد ہے ایسی جس کی صفت کس سے ہو سکے
پھر اور بھی مکاں ہیں ادھر اور ادھر کھڑے
دروازۂ کلاں بھی بلند استوار ہے
جو صحن باغ کا ہے وہ ایسا ہے دل کشا
آتی ہے جس میں گلشن فردوس کی ہوا
ہر سو نسیم چلتی ہے اور ہر طرف ہوا
ہلتی ہیں ڈالیاں سبھی ہر گل ہے جھومتا
کیا کیا روش پہ ہجومِ بہار ہے

۱۸

سروِ سہی کھڑے ہیں قرینے سے نسترن
کوکو کرے ہیں قمریاں ہو کر شکر شکن
راہیں سیوتی سے بھرے ہیں چمن چمن
گلنار، لالۂ و گل و نسرین و نسترن
فوآرے چھٹ رہے ہیں رواں جوئبار ہے

وہ تاجدار شاہجہاں صاحب سریر
بنوایا ہے انہوں نے لگا سیم و زر کثیر
جو دیکھتا ہے اس کے یہ ہوتا ہے دلپذیر
تعریف اس مکاں کی میں کیا کیا کروں نظیرؔ
اس کی صفت تو مشتہر روزگار ہے

O

نظیر اکبر آبادی کی وفات ۱۸۳۰ء میں ہوئی اس سے یہ نظم ڈیڑھ سو برس پہلے کی لکھی ہوئی ہوگی۔

یہ نظم کئی باتوں کی وجہ سے اہم ٹھہرتی ہے، ایک تو یہ کہ یہ اس وقت کی لکھی ہوئی ہے جب نظم کا اس صورت میں وجود ہی نہ تھا۔ اگرچہ "شہر آشوب" اور مسدس قسم کی چیزیں پائی جاتی تھیں۔ مثنوی کا معاملہ جدا ہے۔ وہ شکل سے بھی مختلف اور روح سے بھی مختلف ہے۔

دوسری بات اس کا انداز بیان ہے جو نظم کے لئے نہایت موزوں ہے اور جسے تھوڑی بہت قواعدی ترتیب کے بعد جس کی کمی کے سبب نظم کو معیاری نظم ہی قرار نہیں دیا جا سکتا تھا، موجودہ نظم نے اختیار کیا ہوا ہے، تیسری بات تاج سے متعلق وہ سب چیزیں نظم میں آگئی ہیں جس سے یہ اپنے ماضی کے ساتھ نظر کے سامنے آجاتا ہے۔ یہ درست ہے کہ اس میں وہ شعور نہیں دکھائی دیتا جو اس زمانے میں کہی ہوئی بیشتر نظموں میں پایا جاتا ہے لیکن یہ نہیں کہ وہ بالکل موجود نہیں ہے اشارہ تو مل ہی جاتا ہے چوتھی بات، الفاظ کی نشست و برخاست نے نظم کی دلکشی بڑھا دی

ہے۔ پھر اس سے اس وقت کے رجحان اور ذوق کا بھی اندازہ کیا جاتا ہے ورنہ نظیر اپنی دوسری نظموں کی طرح اس میں کوئی نہ کوئی بات ڈھونڈ ہی نکالتے شاید اس کی وجہ یہی ہو کہ اس کا حسن ان کے دل و دماغ پر غالب رہا ہو اور اس امر کی اجازت نہ دی ہو کہ وہ کوئی اور بات بھی کہیں۔ جو اس کے حسن پر مدحیہ بن جائے۔

اس نظم میں نظیر کا حسن بیان موجود ہے اور یہ اُن کی مشہور نظموں کی یاد دلاتا ہے۔ جنہیں مدت گذر جانے کے باوجود بھلایا نہیں جا سکا ہے بلکہ ان میں اور زیادہ حسن محسوس کیا گیا۔

بہر کیف یہ نظم خوبصورت بھی ہے اور قابلِ قدر بھی شاید ہی کوئی نظم 'تاج' کے حسن کے بیان میں اس سے آج بھی آگے بڑھ سکے۔

سیماب اکبر آبادی

تاج محل

پرسکوں حسن و محبت کا یہ اک طوفان دیکھ　　　جسکے حسن و عشق دو عنواں ہیں وہ رومان دیکھ

یہ مصوّر کا تخیل اور یہ خوابِ مرمریں　　　روح میں ہوتا ہے جس کو دیکھ کر ہیجان دیکھ

دیکھ اس کے فرش پر ہیں غزش کتنے جلوہ گر　　　دیکھ اک افسانۂ ممتاز کا عنوان دیکھ

سبزہ در سبزہ گل اندر گل بہار اندر بہار　　　کر نظر ماحول پر اس کے پھر اس کی شان دیکھ

دیکھ وقتِ صبح اس میں جلوۂ ماہِ تمام　　　شام کو اسکی تجلّی کے نئے سامان دیکھ

نکتۂ صنعت کا ہے اس کا ہر اک نقش و نگار　　　آگیا ہے کھنچ کے اک نقطے میں ہندوستان دیکھ

اس کی بالیں پر نظر آتا ہے قلعہ جلوہ بار　　　اور جمنا کر رہی ہے پائنتی اشنان دیکھ

کیا متاعِ دو جہاں سے یہ گراں قیمت نہیں ؟

پوچھتا ہوں میں کہ یہ کیا ہے اگر جنت نہیں ؟

یہ بظاہر ایک گورستان خوش انداز ہے　　　مرقد شاہ جہان و مدفن ممتاز ہے

۲۲

اس سے عبرت کی جگہ لیکن ہے حسرت آشکار
دل یہاں آکر بہل جاتا ہے یہ کیا راز ہے

قلبِ شاعر پر حقیقت ہو چکی ہے منکشف
ذہنِ شاعر، خلوت اسرار کا غمّاز ہے

فی الحقیقت تاج ہے آرام گاہِ حسن و عشق
مشرقِ شوق و نیاز و جلوہ گاہِ ناز ہے

ہے محبت اِک شگفتہ اس کی تعمیری اساس
زندگی یوں نقشِ عبرت پر اثر انداز ہے

بھول جاتا ہے یہاں انسان اپنے رنج و غم
روح کے نغمے ہیں جس میں جذب یہ وہ ساز ہے

خوبصورت اک اضافہ بزمِ فطرت میں ہے تاج
جو حقیقت کی فضا میں مائلِ پرواز ہے

ہے جو گھر صاحبقراں کے جلوۂ مستور کا
عکس ہے شاید یہ اس جنّت کے قصرِ نور کا

سیماب صاحب نے تاج کو قطعی حسن و رومان کے زاویۂ نگاہ سے دیکھا ہے ان کی قدرتِ بیان اور استادانہ مشاقی نے ایک انداز کا وقار و آہنگ بھی اسے دیدیا ہے اس نظم سے ان کے دور میں نظم کہنے کے انداز کا بھی پتہ چلتا ہے اس دور میں یقیناً نظم نے اپنے تیور ایسے نہیں نکھارے تھے جیسے کہ اس زمانے میں۔ کہیں کہیں تو غزل کی فضا اور کیفیت پیدا ہو جاتی رہی ہے۔ اگرچہ سیماب صاحب کا لب و لہجہ بہت سنبھلا ہوا ہے اور غزل سے بہت کچھ الگ ہی سا ہے لیکن پھر بھی یہ غزل سے بالکل مختلف نہیں ہو پایا۔ فرق صرف اتنا رہ جاتا ہے کہ ایک موضوع پر مختلف پہلو سے نظر ڈال دی گئی ہے اور اسے نظم کی شکل دیدی گئی ہے۔ جذبات و احساسات کی شدت اپنے تیوروں کے ساتھ نہیں ابھرتی ہیں، شدت ہوتی ہے، جو نظم کو نک سک بھی دیتی ہے۔

یہ ان کی دیدہ وری ہے یا جہاندیدگی یا ہندوستان سے بے پناہ محبت کہ انھوں نے تاج میں ہندوستان کو رونما دیکھا ؎

آگیا ہے کھینچ کے اک نقطے میں ہندوستان دیکھ

۲۴

ان کے زاویۂ نظر کے مرکز کا یہ شعر پتہ دیتا ہے ؎

فی الحقیقت تاج ہے آرام گاہِ حسن و عشق
مشرقِ شوقِ دنیا زو جلوہ گاہِ ناز ہے

اسی محور کے گرد ساری نظم گھومتی ہے اور اسی نقطۂ نظر سے شاعر اس شاہکار کو دیکھتا ہے غالباً یہی اس زمانے میں معراج ہو سکتی تھی تاج سے متعلق کوئی نظم کہنے کی ۔

بہر کیف یہ نظم کئی پہلوؤں سے اہمیت رکھتی ہے ۔ قوتِ شعری کی توانتہائی مظہر ہے ، یقیناً اس میں سیمابؔ صاحب کی استادی اور مشاقی کو دخل ہے ۔

────── :ختم: ──────

خان احمد حسین خاں

○

تاج محل

تاج کیا ہے پرتوِ حسنِ رخِ مستور ہے
خوشۂ انگور ہے یا ساغرِ بلور ہے

طرۂ تاجِ نزاکت کاسۂ چینی ہے یہ
یا کہ فانوسِ چراغِ طورِ رنگینی ہے یہ

قلزمِ صنعت کا یہ اک گوہرِ نایاب ہے
یا جہانِ سنگِ مرمر کا انوکھا خواب ہے

یہ ہے گلدستہ ریاضِ حسنِ عالمگیر کا
یا ہے تحفہ شاہدانِ قدرتِ تعمیر کا

قمریوں کا طوق شانِ ذوا مشاد ہے
یا شکستِ دل کی یہ رقّت فزا فریاد ہے

جسمِ ابیض آسماں نے بخشا ہے الہام کو
یا بقا نے قصر بنوایا ہے اک آرام کو

اے خدا احسن عمل کی تاج کارستانی ہے
یا ملائک کی ہویدا قوّتِ روحانی ہے

دیدۂ شوقِ مجسّم نرگسِ بیمار ہے
اور سراسر کیفِ نظارہ سے دل سرشار ہے

چاک جب ہوتا ہے دامانِ نیا شیرِ سحر
یعنی ہوتا ہے شہ خاورِ جہاں میں جلوہ گر

فرشِ نارنجی فرشتے آسماں سے لاتے ہیں
مضطرب موجوں پہ جمنا کی اسے پھیلاتے ہیں

۲۶

دید کے قابل ہیں پھر خورشید کی فراشیاں ... اور اس دریائے نورانی کی گوہر پاشیاں

اُس کے یہ محراب ایواں روز کرتے ہیں سنگھار　　　اور بن جاتا ہے دلہن حور طلعت کا مزار

جو بہار جاں فزا دو چار دن دکھلا گئی
اور پھر پھولوں کی کنھٹی کی طرح مرجھا گئی

شوہر ممتاز، شاہ کشور ہندوستان　　　نام جس کا ثبت ہے تاریخ میں شاہجہاں

لوگ کہتے ہیں کہ اپنی شمع کا پروانہ تھا　　　اور میں کہتا ہوں وہ مجنوں تھا یا دیوانہ تھا"

اپنی بیگم کی طرح وہ بھی ہوا روپوش ہے　　　ذرہ ہائے خاک کی آغوش میں بیہوش ہے

ہم نے یہ مانا کہ رشک قصر جنت تاج ہے　　　ہم نے یہ مانا کہ ایوانِ محبت تاج ہے

کاش آتا کام روٹھوں کو منانے کے لیے
یا جرس بنتا یہ سوتوں کو جگانے کے لئے
اس لئے تم تاج کو تصویرِ حیرانی کہو
بقعۂ حسرت کہو کاخِ پریشانی کہو

O

موجودہ نظم ۱۹۳۲ء کی کہی ہوئی ہے اور اس سے یہ ظاہر ہو جاتا ہے کہ اس وقت تک تاج پر ٹیڑھی نظر ڈالنے کا رواج نہیں تھا۔ لیکن شاعر نے یہاں اک الگ بات ڈھونڈ نکالی ہے جو اسی لئے بے اثر ہو گئی ہے کہ اس میں کہنے والے نے دلچسپی نہیں لی اور محض چلتے ہوئے ایک بات کہہ دی ہے ، وہ کہتے ہیں ؂

کاش آتا کام روٹھوں کو منانے کیلئے   یا جرس بنتا یہ سوتوں کو جگانے کیلئے
اس لئے تم تاج کو تصویر حیرانی کہو   بقعۂ حسرت کہو کاخ پریشانی کہو

نظم میں شاعر کی جمالیاتی حس ہزار رنگوں میں جلوہ گر نظر آتی ہے اگر یہی انداز رہتا تو کچھ خوب ہی رہتا۔ احمد حسین خاں نے جو تشبیہات کے باغ لگائے ہیں اور نئی نئی روشیں تراشیں ہیں ان کے پیشِ نظر ان کی طباعی کا یقین کرنا ہی پڑتا ہے۔ انہوں نے تاج کی تعریف بڑے اعلیٰ انداز میں کی ہے ؏

جسمِ ابیض آسمان نے بخشا ہے الہام کو

اور یہ بھی ؏

۲۸

یا ملائک کی ہویدا قوتِ روحانی ہے

انہوں نے الفاظ کا فنکارانہ انتخاب کیا ہے تاج پر صبح کی سحر کاریاں، نہایت ہی لطیف کیفیت لئے ہوئے ہے۔

بہر کیف نظم مجموعی طور پر خوب ہی ہے خصوصاً اس امر کے پیش نظر کہ اس وقت نظم کہنے کا انداز کچھ اتنا زیادہ نہ ابھرا تھا اور وہ آج کی نظم کی طرح آرٹ نہ بننے پایا تھا۔ اسی لئے بیشتر نظموں میں میکانکی انداز پیدا ہو جاتا تھا اور فطری بہاؤ اوّل تو ہوتا ہی نہ تھا اور اگر ہوتا تھا تو قائم نہیں رہتا تھا

۲۹

صاحبزادہ میکش

○

تاج محل

اس حسین دھوکے سے ہوتی تو ہے تسکین نظر
لیکن اے اہلِ نظر یہ حسن ہے غم میں اسیر
پتھروں کے قلب میں ٹوٹے ہوئے دل کو بھی دیکھ
چھین لے حدِّ نظر سے اب تعین کی لکیر

اب بھی ہے تحسین طلب جبر بلندی کا غرور
یہ ہے جذباتی سکوں کا ایک خود بیں اہتمام
حسن یہ کتبہ ہے جس کے بے نوا الفاظ میں
موت دہراتی ہے مردوں کی پرستش کا پیام

۳۰

ایک ملکہ وہ کہ جس کی آخری خواہش کا نام
جنبش ابرو کا یہ فرمان یعنی تاج ہے
لیکن اپنی پہلی خواہش بھی جو کہہ سکتیں نہیں
ایسی کتنی رانیوں کا جھونپڑوں میں راج ہے

اک محبت وہ کہ جس کو نوجوانی بخش کر
ایک نے پایا سکوں اور سینکڑوں نے اضطراب
اک محبت وہ کہ جس میں عشرتِ غم بھی نہیں
آہ مفلس کی محبت آہ مفلس کا شباب

اپنی ہی تخلیق میں ہے دفن روح حسن کار
کتنی سانسوں کے تموج کا ہے مدفن یہ مقام
کیا یہ بے حس مقبرہ دیتا ہے وہ عزم حیات
اپنی دھڑکن میں جگاتا ہے جیسے قلب عوام

۳۱

○

جب شعور اپنے گرد و پیش سے نبرد آزما ہوتا ہے تو ایک نہایت حسین شئے سے بھی ایسے جذبات و احساسات ابھرتے ہیں اور اس گیر و دار میں شعور کی جیت ہمیشہ ہوتی ہے۔ جیسا کہ اس نظم میں بھی ہوئی ہے۔ کیفی صاحب 'تاج' کے حسن پر لوٹ نہیں ہوئے انہوں نے اپنے شعور کے تقاضے پورے کئے ہیں اور نہایت حسین انداز سے پورے کئے ہیں۔

ساحر نے تاج کو ایک نئے انداز سے دیکھا، کیفی کے یہاں بھی نئے انداز کا ایک پہلو ہے اور یہ پہلو بجائے خود زیادہ کا تابناک اور ہمہ گیر ہے بلکہ اس میں تاج کو سماجی اور عوامی انداز سے دیکھنے کا تیور بڑا ہی تیکھا ہے یہاں مشاہدے کی بنیاد شاعر کے ذاتی جذبات و احساسات اور خیالات پر نہیں جیسا کہ ساحر کے یہاں ہے اور جو ہزار رنگ بدل سکتی ہے۔ کیفی صاحب نے اسے بے حس مقبرہ پا کر ہی اپنے خیالات کا اظہار کیا ہے جن کی صداقت سے انکار نہیں کیا جا سکتا پھر اس کا دائرۂ احساس ذات سے نکل کر عوام اور سماج تک پھیل گیا ہے۔

۳۲

میکش کی نظم میں جذبات اور شعور کا تناسب صحیح نہیں دوسرے ان کا انداز بیان بہت برملا ہے جو کسی فنی شے کے لئے زیب نہیں دیتا اس سے قطع نظر انہوں نے نہایت صحیح طور پر یہ بات کہی ہے کہ

یہ ہے جذباتی سکوں کا ایک خودبیں اہتمام۔

۳۳

احسان دانش

تاج محل

مری طویل خموشی سے بدگمان نہ ہو
ہے لاجواب زمانے میں تاج کی تعمیر

کمالِ فن ہے کہ مرمر کی بے مسام سلیں
لئے ہوئے ہیں چراغانِ طور کی تنویر

فضائیں بول رہی ہیں کہ سنگسازوں نے
زمیں پہ کھینچ کے رکھ دی ہے عرش کی تصویر

مگر نہ جانے تجھے بھی دکھائی دیتی ہے
جلی حروف میں دیوار و بام کی تحریر

شکوہ و جاہ سے اے فرِّ قیصری ہشیار
ہے بیکسی ترے خوابِ جمیل کی تعبیر

۳۴

جو شعر و نغمہ و صورت گری پہ مائل ہے
ہے جس کا حسنِ سماعت رباب و رقص و نفیر

نقوشِ قصر و حرم کو جو زندگی سمجھے
یہ زعمِ خویش کرے جو کھول دے شمشیر

بہت قریب زمانِ زوال ہے اس کا
خیال و خواب سے باہر مآل ہے اس کا

━━━❖━━━

۳۵

○

غالباً یہ نظم احسان صاحب کے اس دور کی نظموں میں سے ہے جس دور میں وہ ہر آواز میں انقلاب کے قدموں کی چاپ سنتے تھے اور ہر شئے میں انقلاب دیکھتے تھے اور ہر شئے کے انقلاب کی آرزو رکھتے تھے اسی لئے وہ تاج کی جانب اسی انداز سے رجوع کرتے ہیں اور مختصر سی تمہید کے بعد فوراً آجاتے ہیں اپنے انداز پر ——— اور تاج کو مغل سلطنت کی تباہی کا پیش خیمہ تصور کرتے ہیں۔

اس نظم میں اقبال کے اس شعر کی (اگر یہ نظم بعد میں کہی گئی ہے) صدائے بازگشت ہے ؎

آ تجھ کو بتاؤں میں تقدیرِ امم کیا ہے
شمشیر و سناں اوّل طاؤس و رباب آخر

احسان صاحب کے لئے تاج طاؤس و رباب، کی منزل کا نشان ہے اور چونکہ طاؤس و رباب کی منزل کا لازماً اختتام زوال ہوتا ہے اس لئے وہ تاج کو کوئی خوش آئند چیز تصور نہیں کرتے۔

نظم نہایت مختصر ہے اور اس میں کہی جانے والی بات کھل کر نہیں کہی جا سکی پھر اس کی غزل کی ہیئت نے اسے نظم کے حسن سے محروم کر دیا ہے۔ حالانکہ موضوع کے

۳۶

اعتبار سے نہایت اختصار کے ساتھ یہ نظم ہی ٹھہرتی ہے۔

بہر کیف یہ بھی ایک زاویۂ نظر ہے جس کی پرچھائیں بھی کسی دوسری نظم میں نہیں دکھائی دی، اردو شاعری میں صرف یہی ایک شعر دکھائی دیتا ہے اور کہیں بھی اس انداز سے بات نہیں کہی گئی۔

اس نظم میں ہر اعتبار سے ایک شدید تشنگی محسوس ہوتی ہے اگرچہ اس کے بعض پہلو مستحسن بھی ٹھہرتے ہیں۔

۳۷

سکندر علی وجد

تاج محل

اے بارگاہِ حسن ترا فیض عام ہے
دریائے مہر و لطف رواں صبح و شام ہے
تو کشتۂ وفا کا سہانا پیام ہے
فانی زمیں پہ نقش بقائے دوام ہے

جادو نگاہِ عشق کا پتھر پہ چل گیا
الفت کا خواب قالبِ مرمر میں ڈھل گیا

گل ریز رنگ خونِ دلِ حسن کار ہے
اس باغِ بے خزاں میں ہمیشہ بہار ہے
پانی پہ عکس قلبِ صفت بیقرار ہے
جمنا ترے شباب کی آئینہ دار ہے

ہیبت سے تیری دلکشی بے پناہ کی
گنبد پہ کانپتی ہے کرن مہر و ماہ کی

۳۸

یہ زرد و نرم دھوپ یہ پر کیف وقتِ شام
کندن بنے ہوئے در و دیوار و سقف و بام
خورشید کر رہا ہے تجھے آخری سلام
وہ قلبِ شوق چیر کے نکلا مہِ تمام

جوں ہی رواں سفینۂ مہتاب ہو گیا
تو موج خیز قلزمِ سیماب ہو گیا

بہر لوعصر ہیں تری گلکاریوں پہ دنگ
منظر کش بہار چمن ہے جبین سنگ
کلیوں کا وہ نکھار وہ گلہائے رنگ رنگ
فانوسِ شمع کشتہ سے لپٹے ہوئے پتنگ

رنگینیاں ہیں جو ہر اہل کمال کی
چھنتی ہے جالیوں سے نزاکت خیال کی

تو نقشِ آرزو ہے مجسم زمین پر
آنکھوں نے تیرے حسن کی مے پی ہے اسقدر
اک سر خوشی ہے قلب میں سرشار ہے نظر
بیٹھا ہوں پائے وقت کی آہٹ سے بے خبر

ارزاں قدم قدم پہ سکونِ حیات ہے
تیری حریم ناز میں دن ہے نہ رات ہے

'تاج' کی ایک بڑی خوبی یہ بھی ہے کہ 'صبح'، 'دوپہر'، 'شام'، 'رات کے پہلے پہر'، 'آدھی رات'، اور 'رات کے پچھلے پہر'، یہ الگ الگ تاثر دیکھنے والے پر چھوڑ جاتا ہے۔ شاید ہی کسی نظم میں اس پہلو کی طرف اشارہ ملتا ہو، وجد صاحب کی یہ نظم ایک حسن کارانہ انداز سے اس پہلو کی طرف ایک لطیف سا اشارہ کرتی ہے'

یہ زرد و نرم دھوپ یہ پر کیف وقتِ شام
کندن بنے ہوئے در و دیوار و سقف و بام

اور پھر

جوں ہی رواں سفینۂ مہتاب ہو گیا
تو موج خیز قلزم سیماب ہو گیا

اس نظم میں کہیں کہیں اقبال کے آہنگ کی آہٹ سنائی دیتی ہے، یہ نہیں کہا جا سکتا کہ وجد صاحب نے ایسا دانستہ کیا ہے یا انجانے میں یہ اثر در آیا ہے، لیکن اس سے نظم کی خوبصورتی میں اضافہ ہوا ہے کیونکہ نظم کا ماحول اس آہنگ کے لئے مانوس نہیں ہے، ورنہ ایک بے جوڑ چیز ہو جاتا ہے جسکی وجد صاحب جیسے شاعر سے توقع نہیں کی جا سکتی۔

آخری بند تاثر کی معراج پیش کرتا ہے اور یہ حساس دل اور حسن کار نظر کی ہی دین ہے، ہر شخص تو کیا ہر شاعر بھی نہ یہ تاثر قبول کر سکتا ہے نہ اس طرح محسوسات کو پیرایۂ اظہار دے سکتا ہے۔

تو نقشِ آرزو ہے مجسّم زمین پر

عرشؔ ملسیانی

شاہجہاں کے آخری جذبات

روضۂ تاج محل کو دیکھ کر

تاج اے میری شہنشاہی کے رنگیں شاہکار / اے مری ممتاز کی آرام گاہِ پُر وقار

اے مرے گذرے ہوئے اقبال و دولت کے نشاں / اے مرے دورِ جہاں بانی کی زریں یادگار

اے مری خلوت کے ضامن اے مری آنکھوں کے نور / اے مرے اجڑے ہوئے دل کے گلستاں کی بہار

اے مرے عہدِ وفا کی استواری کے نشاں / اے مرے پاسِ محبت کی قسم کے پاس دار

اے مرے شوکت مری حشمت کی دلکش داستاں / اے مری تقدیر کی رنگینیوں کے جلوہ زار

مظہرِ شانِ کمال اے پیکرِ نور و جمال / حسن و خوبی کے امیں اے بے عدیلِ روزگار

اے الم افزائے دل تازہ کن داغِ فراق / مدفنِ آرامِ جاں میری امیدوں کے مزار

دیکھ کر تجھ کو مجھے راحت بھی ہے اور غم بھی ہے
فخرِ ماضی بھی ہے کچھ اور حال کا ماتم بھی ہے

۴۲

آہ وہ سطوت وہ ہیبت آہ وہ میرا جلال　　　آہ وہ شانِ حکومت آہ وہ اوجِ کمال

اُف وہ جوشِ آرزو وہ عیش و عشرت کے دن　　　اُف یہ مرجھایا ہوا دل اُف یہ افسردہ سا حال
اُف وہ شانِ خسروی وہ رتبۂ جاہ و حشم　　　اُف یہ وحشت یہ گرانجانی یہ پستی یہ زوال
اُف وہ ممتاز اور میں وہ مہ وشوں کے جھمگٹے　　　اُف یہ ضبطِ شوق یہ آشفتگی کی قیل و قال

اُف کہ تجھ کو دیکھ کر ہوتے ہیں تازہ زخمِ دل　　　اُف کہ تیرا نام ہو مجموعۂ حزن و ملال!
مجھ کو دیکھ اور دیکھ زورِ انقلابِ آسماں　　　کس طرح ہستی مری اب ہو رہی ہے پائمال
تو ہوا مقبولِ عالم جس کے دستِ فیض سے　　　دیکھنا ممکن ہے اس کے زخمِ دل کا اندمال

پہلوئے محبوب میں اللہ بلالے اب مجھے
کچھ کبھی ہو آغوش میں اپنی سلالے اب مجھے

O

یہ نظم شاہجہاں کے ان جذبات کی ترجمانی کرتی ہے جو 'تاج' کو دیکھ کر اس کے دل میں اس وقت پیدا ہوئے تھے جب وہ مطلق العنان شاہجہاں کا کھنڈر رہ گیا تھا سب باتیں ارادتاً کہی ہوئی معلوم ہوتی ہیں اس لئے جذبات کی روانی اور بے ساختگی نہیں آنے پائی۔ اس میں نظم کا داستانی انداز جو بڑی حد تک غیر فنکارانہ ہوتا ہے تاثر کی کمی اور بڑھا دیتا ہے۔

پھر بھی عرشؔ صاحب نے 'تاج' سے متعلق اظہار خیالات کے لئے ایک پہلو دے کر بڑا کام کیا ہے اور اپنی طباعیؔ سے اُسے اپنی حد تک نبھا بھی ہے۔ چونکہ یہ شاعر کی تخیل پروازی ہے اس لئے اس میں وہ آنچ پیدا نہیں ہو سکی جو شاہجہاں کے احساسات و جذبات میں یقینی طور پر ہوگی، اس کے اسباب زیر بحث لانے کی ضرورت نہیں لیکن یہ ضرور ہے کہ اس نے اس موضوع کو ایک نیا رخ ضرور دیا ہے۔

پہلے بند میں اگرچہ طرح طرح سے 'تاج' کو یاد کیا گیا ہے۔ لیکن اس میں وہ حسن نہیں ابھرا جو ایک محبت کی یادگار کا مشاہدہ ابھارتا ہے یہ ضرور ہے کہ اس میں اپنی شہنشاہی کا مرثیہ ضرور کہہ دیا گیا ہے

دوسرا بند بھی ایسے ہی کوائف رکھتا ہے، یہ بھی شہنشاہی کا مرثیہ ہی

ہے اور محبت کا نوحہ نہیں ہو سکا، نہ ہی اپنی بیچارگی اور بے بسی کی چیخ بن سکا ہے کیونکہ 'اُف وہ' میں میں 'اُف یہ' کے مقابلے میں زیادہ زور ہے اور اس لئے 'اُف وہ' ہی کا بیان ہو گیا ہے۔

اگرچہ یہ نظم عرش صاحب کی جوانی کی پیداوار ہے لیکن اس پر نہ جانے انکا بڑھاپا کیوں چھایا ہوا ہے خدا جانے اُن دنوں ان پر کیا کیفیات گزر رہی ہوں گی یا محض ایک بات ذہن میں آئی اور اسے نظم کا جامہ دیا۔

——— : ٭ : ———

ساحر لدھیانوی

تاج محل

تاج تیرے لئے اک مظہرِ الفت ہی سہی
تجھکو اس وادیٔ رنگیں سے عقیدت ہی سہی
میری محبوب کہیں اور ملا کر مجھ سے
بزمِ شاہی میں غریبوں کا گزر کیا معنی؟
ثبت جس راہ پہ ہوں سطوتِ شاہی کے نشاں
اس پہ الفت بھری روحوں کا سفر کیا معنی؟
میری محبوب پسِ پردۂ تشہیرِ وفا
تو نے سطوت کے نشانوں کو تو دیکھا ہوتا
مردہ شاہوں کے مقابر سے بہلنے والی
اپنے تاریک، مکانوں کو تو دیکھا ہوتا

۴۶

ان گنت لوگوں نے دنیا میں محبت کی ہے
کون کہتا ہے کہ صادق نہ تھے جذبے ان کے
لیکن ان کے لئے تشہیر کا سامان نہیں
کیونکہ وہ لوگ بھی اپنی ہی طرح مفلس تھے

یہ عمارات و مقابر یہ فصیلیں یہ حصار
مطلق الحکم شہنشاہوں کی عظمت کے ستوں
سینۂ دہر کے ناسور ہیں کہنہ ناسور
جس میں شامل ہے ترے اور مرے اجداد کا خوں

میری محبوب انہیں بھی تو محبت ہوگی
جن کی صنّاعی نے بخشی ہے اسے شکلِ جمیل
ان کے پیاروں کے مقابر رہے بے نام و نمود
آج تک ان پہ جلائی نہ کسی نے قندیل

یہ چمن زار یہ جمنا کا کنارہ یہ محل
یہ منقش در و دیوار یہ محراب یہ طاق
اک شہنشاہ نے دولت کا سہارا لے کر
ہم غریبوں کی محبت کا اُڑایا ہے مذاق
میری محبوب کہیں اور ملا کر مجھ سے!

اردو شاعری میں تاج محل
شجاع خاور

○

کتنی مقبول پسندیدہ اور پرکشش ہے یہ نظم ۔ اس سلسلے میں کچھ کہنے کی ضرورت نہیں۔ نظم اپنا تاثر چھوڑ جاتی ہے اور بہت دیر تک دماغ میں گونجتی رہتی ہے بلکہ اس سے روح اور دل بھی متاثر ہوتے ہیں ۔ اسی سبب اس کے دوسرے رخ پر نظر ہی نہیں پڑتی یا جی ہی نہیں چاہتا کہ اسے اس رخ سے بھی دیکھا جائے اگر یہ گوارا کر لیا جائے تو اس عقیدت کو ٹھیس پہنچتی ہے جو اس نظم کی وجہ سے ساحرؔ صاحب سے پیدا ہو جاتی ہے ۔

بلاشبہ اس کا آغاز ہی ایک نقطہ عروج (CLIMAX) سے ہوا ہے ، اس کے دل میں یقینی طور پر اتر جانے ، میں بھی شبہ کی گنجائش نہیں رہتی یہیں تک یہ کیفیت نہیں رہتی بلکہ اس کے بعد بات شدید سے شدید تر ہوتی جاتی ہے اور آخر میں گہری اور کاری طنز بن جاتی ہے جس کے اثر کا حریف ہونا آدمی کے بس کی بات نہیں ۔

لیکن سوال یہ پیدا ہوتا ہے کہ اس میں اصلیت کس حد تک ہے ۔ اصلیت اس معنی میں کہ یہ نظم محض تخیل کے زور پر تو نہیں کہی گئی اور اس میں روایتی یا خیالی انداز تو نہیں آ گیا اس سے بحث نہیں کہ اس روایتی

یا غیبانہ انداز کا پسِ منظر بھی کوئی ہے یا نہیں، اس میں کس حد تک ان کے ذاتی محسوسات ہیں۔ کیا اس نظم کے کہنے سے پہلے وہ تاج کبھی دیکھ چکے تھے اور کسی محبوبہ سے کبھی وہاں ملے تھے۔ یا ملا کرتے تھے۔

دوسرے کیا یہ قاعدہ کلیہ ہے کہ محبت بزم شاہی میں نہیں پائی جاتی اگر پائی جاتی ہے تو محض استثنیٰ ہی کی حیثیت رکھتی ہے، یہ کہنا تو شاید بہت بڑی بے انصافی ہوگی کہ بادشاہوں کے دل ہی محبت کے نااہل ہوتے ہیں یا وہ محبتیں ہم اور آپ غریبوں سے نہیں ہو سکتے

تیسرے یہ کہ کیا تاج کو محض سطوت کا نشان ہی کہا جا سکتا ہے۔ سطوت کا نشان تو لال قلعہ ہے، قطب مینار ہے یا اور ایسی دوسری عمارتیں۔ اگر تاج میں سطوت پائی جاتی ہے تو شاید اتنی نہیں جتنی محبت، سطوت کے لئے تو شاہجہاں اور کچھ تعمیر کروا سکتا تھا صرف تاج (روضۂ ممتاز) ہی کیوں۔ پھر شاہجہاں کے مقابر بھی لاکھ رنگین سہی۔ ہمارے تمہارے تاریک مکانوں ہی کی تو فضا رکھتے ہیں تاریک مکانوں کا احساس تو محل ہی سے ابھر سکتا ہے۔ مقابر تو یہ احساس نہ دے سکیں گے، ان سے تو عبرت اور سبق ہی یا کچھ ایسی ہی چیزیں ذہن میں ابھر سکیں گی۔

چوتھے اگر یہ نظم اصلیت کی بنیاد رکھتی ہے تو د تاج، واقعی "سینۂ دہر کے کہنہ ناسور" معلوم و محسوس ہوگا ورنہ محض شدت لئے ہوئے ایک فیشن کی بات ہی ہوگی۔ اگرچہ نظم کے اس بند میں نظم کا دائرہ اپنی حدود پھیلا دیتا ہے اور دنیا بھر کے محبت کرنے والوں بلکہ عوام کو اپنے

احاطے میں لے لیتا ہے۔

پانچویں یہ کہ کیا اُن کی محبت کے جذبے کو کچھ تسکین نہ ملی ہوگی جنھوں نے اسے شکلِ جمیل بخشی اور جن کی محبت غالباً شاہجہاں کی محبت سے زیادہ سچی ہوگی۔

آخر میں یہ کہ کیا اسے 'محل'، بھی کہا جا سکتا ہے، اگر کہا جا سکتا ہے تو کیوں اور کس مفہوم میں۔ پھر اگر اصلیت ہے تو واقعی، محسوس کیا جا سکتا ہے کہ غریبوں کی محبت کا مذاق اڑایا گیا ہے اور اس کے لئے دولت کا سہارا لیا گیا ہے۔ اگرچہ اس بند کے تاثر اور اس کی شدّتِ بیان کو تسلیم کرنا ہی پڑتا ہے۔

بات طویل ہی ہو جاتی ہے اگر یہ بھی کہا جائے کہ محبوب سے، اس محبوب سے جو تاج کو مظہرِ الفت، سمجھ رہا ہو اور جس کے لئے عقیدت بھی رکھتا ہو، اس سے یہ سب کچھ اور اس انداز سے بھی کہا جا سکتا ہے۔

پھر بھی یہ نظم خوب ہی ٹھہرتی ہے اور اس کی خوبی تسلیم کرنا ہی پڑتی ہے، یہ اور بات ہے کہ اس میں یہ سب باتیں ہیں اور اس کی خوبصورتی اور اس کا اثر ان کی طرف نظر بھی نہیں اٹھنے دیتا، اور خیال کو بھی جانے کی اجازت نہیں دیتا۔

۵۰

فارغ بخاری

تاج محل

جگمگاتا ہوا ایوان منور مینار
جیسے انگڑائیاں کرنوں کی مجسم ہو جائیں
جیسے بہتی ہوئی چاندی میں کنوں کا پرتو
جیسے کلیاں جو سرِ شام سمٹ کر سو جائیں

خواب زاروں سے چرائے ہوئے جنت کے نقوش
نقرئی لہروں پہ ہیرے کے ستوں بہتے ہیں
یہ بھڑکتے ہوئے گنبد یہ ضیا تاب مزار
اسی شعلے کو مگر تاج محل کہتے ہیں

مجھکو تسلیم ہے فردوسِ نظر ہے یہ مقام
اک شہنشاہ کے احساس کا ایثار ہے یہ
پیار کی عظمت و جبروت سے انکار نہیں
مرمر و سیم سے آسودہ مگر پیاسا ہے یہ

شہرتِ خام نے مارا تجھے اے حسن تمام
قصر شاہی کے مکیں رسمِ وفا کیا جانیں
شان و شوکت کے عوض تو نے محبت بیچی
تو نے برسائیں کمانوں سے سنہری تانیں

رشک کرتی ہے ترے بختِ رسا پہ دنیا
کہ تری لاش کو بھی مقبرہ شاہانہ ملا
مجھ کو افسوس یہ ہوتا ہے کہ لیلائے وفا
تجھکو مجنوں سا کوئی چاہنے والا نہ ملا

۵۲

○

مجھ کو افسوس یہ ہوتا ہے کہ لیلائے وفا
تجھکو مجنوں سا کوئی چاہنے والا نہ ملا

اس سے قطع نظر کہ ممتاز کو "لیلائے وفا" کہا جا سکتا ہے یا نہیں، یہ ایک نئی بات ہے اور یہ بات غالباً ایک عاشق شاعر ہی کہہ سکتا ہے۔ اگرچہ یہ ضروری نہیں کہ۔ "قصر شاہی کے مکیں رسم وفا کیا جانیں"

یہ کسی کی میراث تھوڑے ہی ہے کیا محبت کسی شہزادے یا شہنشاہ کو مجنوں نہیں بنا سکتی۔ تاریخ میں یقیناً کئی مثالیں ایسی مل جائیں گی۔ مان لیا کہ تاج کی تعمیر حقیقی محبت کا نتیجہ نہ تھی لیکن یہ کیسے کہا جا سکتا ہے کہ یہ بلا استثنا کلیہ ہی بن گیا ہے۔

نظم میں ذوق شعری اور شعور کی موجودگی شاعر کے باہوش ہونے کا پتہ دیتی ہے یہ اور بات ہے کہ یہ شعور ایک خاص نظریہ کی پیداوار ہے اور اس میں بھی بڑی شدت آئی ہوئی ہے، یہ شدت کوئی نئی شدت نہیں ہے بلکہ پچھلے دور میں عام رہ چکی ہے، بلکہ بعض مقامات پر توفیش کے طور سے اختیار کی جاتی رہی ہے۔

۵۳

الفاظ کا انتخاب اور استعمال ایک دو مقامات کے سوا نہایت متناسب اور متوازن ہے۔

ع کہ تری لاش کو بھی مقبرہ شاہانہ ملا

لیکن فارغ بخاری نے ایک منفرد انداز اختیار کیا ہے اور یہ نظم تاثر کے اعتبار سے تاج سے متعلق کہی گئی نظموں میں خاصی ہے۔ اس کی مقبولیت ایک بڑے حلقے میں پائی جانی امکانی بلکہ یقینی ہے۔

——— : ✻ : ———

۵۴

جگن ناتھ آزاد

تاج محل

جنت کی اک تصویر ہے یا تاج کی تعمیر ہے
اک موجۂ تنویر ہے
کس بادشاہِ فکر کے خوابوں کی یہ تعبیر ہے
حسنِ تخیّل کے جہاں اونچا رہے تیرا نشاں
اے کشورِ ہندوستاں

۵۵

○

بات مختصر طور پر بھی کہی جا سکتی ہے اور خوب پھیلا اور بڑھا کر بھی۔ لیکن کہنے والا ہر انداز میں کہنے کی بات کہہ ہی جاتا ہے، یہ ضرور ہے کہ مختصر طور پر کہنے سے صرف اشارے ہی دستیاب ہوتے ہیں لیکن بعض اشارے اتنے بلیغ ہوتے ہیں کہ پورے پورے سخن نامے بھی ان کے برابر نہیں آ سکتے۔ آزاد صاحب کی روشِ شاعری ایک ہلکا پھلکا انداز ہی لئے رہتی ہے اس میں گہرائی بھی اتفاقیہ ہوتی ہے اور بلندی بھی اتفاقیہ۔ سلاست کا حسن ضروری ہوتا ہے، جب کہیں مثلث کے زاویئے بنانے کا صنعتی انداز پیش نظر نہیں رہتا تو حسن ابھر کر سامنے آ جاتا ہے۔ ورنہ تیور کھلتے نہیں ہیں۔

یہ نظم پارہ جہانِ گذراں کی کیفیت رکھتا ہے یعنی اور طرف جاتے جاتے اس طرف بھی نظر پڑ گئی اور چند تاثرات سامنے آ گئے، اس کے باوجود ان تاثرات میں فن کاری ہے اور حسن ہے اگر ”یہ تاج کی تعمیر ہے“ برائے بیت نہ واقع ہوتا تو اس نظم پارے کا ہر مصرعہ ایک ترشا ہوا ہیرا کہا جاتا، اس مصرع نے دوسرے مصرعِ اولیٰ کے حسن کو بھی دبا لیا ہے، پھر بھی اس کی خوبصورتی سے انکار نہیں کیا جا سکتا۔

خصوصاً ؎

اک موجۂ تنویر ہے
پھر اس میں جذبات کا بھی بھرپور اظہار ہے۔

یقیناً یہ بیان،

حسنِ تخیّل کے جہاں   اونچا رہے تیرا نشاں

جذبات اور احساسات کی تمام تر شدّت لئے ہوئے ہے اور تاج کو کسی بادشاہ فکر کے خوابوں کی تعبیر ہی تو کہا جا سکتا ہے یہ کہنے کے بعد شاید کہنے کو کچھ بھی نہیں رہ جاتا ہے۔

۵۷

اختؔر اورینوی

تاج محل

عشق کے خاتم کا تو ہے ایک تابندہ نگیں
دشتِ الفت میں ہے تاباں صورتِ ماہ مبیں
یا پری رویوں کا رنگیں نوجواں خوابِ حسیں
کسقدر تو دلنشیں ہے اور محبت آفریں
آسمانِ حسن والفت کا حسیں تارہ ہے تو
یا شباب و شعر و موسیقی کا نظارہ ہے تو

دلربا معصوم جلووں کا پری خانہ ہے تو
یا بہارِ خلد کا رنگیں کاشانہ ہے تو
حسن کی رنگینیوں کا ایک افسانہ ہے تو
عشق کی سرشاریوں کا کیف مستانہ ہے تو
تیرے جلووں سے ہویدا حسن کا عہدِ شباب
تیرے مینا میں بھری ہے عشق کی کہنہ شراب

۵۸

چشمِ بینا کے لئے اک جلوۂ عریاں ہے
جنتِ تخئیل کا اک پیکر تاباں ہے تو
حسن کی مخموریوں سے سر بسر نازاں ہے تو
نور و نکہت کی فراوانی سے خود حیراں ہے تو
تیرے جلووں میں ہے تنویر بہاریں کا نکھار
یہ تیری انگڑائیاں نازِ نگاریں کا خمار
عرصۂ گیتی میں مینارے ترے بام حیات
اہلِ فن کی کاوشوں کا تو ہے انعام حیات
تو عمل اور فکر کا ہم کو ہے پیغام حیات
تو صفائے قلب و جاں ہے یعنی الہام حیات
تیری فنکاری میں پنہاں سوز و سازِ آرزو
کاہشِ ہستی کا اک ڈھلکا ہوا آنسو ہے تو
جلوۂ رعنا ترا اک نغمہ خاموش ہے
یہ تری رنگیں ادائی بادۂ سر جوش ہے
تیرے گلشن کی ہوا بھی میکدہ بر دوش ہے
تیرے میخانے میں جس کو دیکھئے مدہوش ہے
چودھویں کی چاندنی میں تو ہے سحر دلفریب
محشرِ نور و ضیا غارت گرِ صبر و شکیب

——— : بُتو : ———

○

یہ چند بند اختر اورنیوی کی نظم "تاج محل" سے لیے گئے ہیں "تاج" کی تعریف اختر اورنیوی نے بہت دل کھول کر کی ہے اسی لیے اس میں وجدانی کیفیت پیدا ہوگئی ہے یقین سا ہوتا ہے کہ یہ تعریف ان کے "دل" کی راہ سے آئی ہے ورنہ اسے "عشق کے خاتم کا تابندہ نگیں" یا "عشق کی کہنہ شراب سے بھرپور مینا" نہ کہا جا سکتا۔ یہ زبان سے نکلے ہوئے کلمات سے مختلف ہیں ان میں روایتی حسن و شان نہیں بلکہ محسوسات کی بات ہے۔

لیکن بعض جگہ الفاظ اپنا صوتی آہنگ اور (CONNOTATIONS) کھو بیٹھے ہیں کہیں کہیں وزن کی خانہ پری کی غرض سے بھی ایسی باتیں آگئی ہیں جو عیوب بن گئی ہیں یا وہ محض تزئین در تزئین ہی کے لیے لائی گئی ہیں مثلاً

یا پری رویوں کا رنگین نوا جواں خواب حسین

مثلاً　　کس قدر تو دلنشیں ہے اور محبت آفریں

مگر نظم کو خوبصورت اور دلپذیر ضرور کہا جائے گا اور اطمینان کا سانس لیا جاتا ہے۔ جبکہ اختر اورنیوی صاحب سنگ باری کرتے ہوئے دکھائی نہیں دیتے یعنی اس کو نمود و نمائشِ شاہی کا مقصد نہیں ٹھہراتے اگرچہ اصل نظم کے آخری بندوں میں انھوں نے عظمتِ رفتہ کا نوحہ کہا ہے جس کا انداز نہ حقیقت پسندانہ ہے نہ خوشگوار اور خوش آہنگ۔

۶۰

سلام مچھلی شہری

تاج محل

صرف تصویر تری دیکھی ہے
سطحِ جمنا پہ شبِ ماہ کے سائے میں کبھی
صبح کے شام کے مظلوم دھندلکے میں کبھی
دامنِ ابر پہ ساون کے اندھیرے میں کبھی
صرف تعریف سنی ہے تیری
عہدِ حاضر کے ہی رنگین فسانوں سے کبھی
کسی سیّاح کے مغرور بیانوں سے کبھی
ایک شاعر کے تخیّل کی زبانوں سے کبھی
اور اگر میں کبھی تجھے دیکھ سکوں
ایک افسردہ سا مہتاب سمجھ لوں شاید
اپنا ہی دیدۂ پرآب سمجھ لوں شاید
یا پھر اک بھولا ہوا خواب سمجھ لوں شاید

۶۱

مجھ سے شاعر کے لئے یہ تو نئی بات نہیں
میں تجھے قلعے کی چوٹی سے کبھی دیکھوں گا
میں تجھے جمنا میں کشتی سے کبھی دیکھوں گا
میں تجھے پاس کی وادی سے کبھی دیکھوں گا
اور یہ سوچتا لوٹ آؤں گا
نقشِ مرمر سے سبک، شیشۂ رنگیں سے حسیں
میں نے ایک چوٹ سی کھائی ہے ابھی اور یہیں
میرے دل میں کوئی مخصوص خوشی پھر بھی نہیں

O

سلاّم جیسے شاعر سے جیسی نظم ہونی چاہیئے یہ نظم بالکل ویسی ہی ہے، نہایت فنکارانہ نہایت اچھوتی اور نہایت جمالیاتی —— اس حقیقت کے پیش نظر کہ تاج محل خود نہیں دیکھا بلکہ مختلف انداز کی تصویروں میں دیکھا ہے اور دیکھا جائے گا تو اس طرح سے دیکھا جائیگا اور پھر کچھ ایسا ہی محسوس کیا جائیگا اس نظم کا حسن اور زیادہ بڑھ جاتا ہے۔ ممکن ہے۔ سلاّم صاحب نے اس نظم کے بعد 'تاج محل' کو کسی وقت دیکھا ہو اور اس نظم کے تاثرات کے مطابق محسوس بھی کیا ہو۔ بہت سے لوگ تو یہ سمجھینگے، بلکہ کہینگے کہ سلام صاحب نے 'تاج محل' کو نظم کہنے سے پہلے بھی دیکھا ہوگا۔ یہ انداز انھوں نے محض شاعرانہ اور فنکارانہ طور پر اختیار کیا۔ لیکن یہ کوئی بات نہیں، یہ شبہ کرنے کی ضرورت نہیں سلام صاحب نے سچ ہی کہا ہوگا وہ شاید سچ ہی کے قائل ہیں اور محض تخیل پرست نہیں ہیں جیسے کہ قریب قریب سب 'ہی' سب نہیں تو بیشتر شعراء ہوتے ہیں

اور یہ سوچتا لوٹ آؤں گا

نقش مرمر سے سبک، شیشۂ رنگیں سے حسین
میں نے اک چوٹ سی کھائی ہے ابھی اذہیں

۶۳

میرے دل میں کوئی مخصوص خوشی پھر بھی نہیں

یہ احساسات سلام صاحب کی طرح تاج کو مختلف طور سے دیکھنے پر ایسے نہیں دوسرے بھی ہو سکتے ہیں، لیکن سلام صاحب جیسے شاعر سے انہی احساسات کی توقع کی جا سکتی ہے اور تاج، ایسے ہی طور سے دیکھنے کی امید ہو سکتی ہے جیسا کہ سلام صاحب نے اپنی نظم میں آرزو رکھی ہے۔

ع "مجھ سے شاعر کے لئے یہ تو نئی بات نہیں"

کہہ کر تو انھوں نے بات بالکل واضح کر دی ہے اور ان احساسات کو ایک مضبوط جواز اور ایک ٹھوس بنیاد دے دیا ہے۔

یہ بات نہ کہنے کی ہے نہ سلام صاحب سے پوچھنے کی کہ ان جیسے سرمست وسرشار شاعر سے آخر یہ سب کچھ کیوں! ——— ان کا وجد انگیز انداز تو اس طرف خیال کو بھی جانے نہیں دیتا!۔

ظفر ادیب

نئی منزل نیا شہکار

یوں تو صد ہا ہیں مرے ذوقِ عمل کے جلوے
لیکن اک یہ کہ جو ہے میرے جنوں کا شہکار
اس نے پایا مری فطرت کے عناصر سے وجود
میری فطرت کہ ہے عشق و وفا سے سرشار
اب کے در آنے نہیں دی ہے خرد کی ظلمت
رہنما کر لئے ہیں اب کے جنوں کے انوار
دل کے دامن سے ملا رکھا ہے دامن اس کا
کچھ نہیں اس میں بجز جذبِ محبت آثار
یہ نہیں ہے کہ یہی اک کارِ جنوں کا حاصل
کسی اک حسن کا بھی جلوہ نہیں ہے گلکار
عشق عالم ہوا ہے طرف تمنا آزار
ایک دنیا کی تجلی ہے مآلِ اسرار
پھر بھی اب تک نہیں ہو پائی کوئی ایسی مثال
کہ ترے ایک بھی شہکار کا ہو جائے جواب

۶۵

تیرے شہکار نہایت ہی حسین اور جمیل
کون سا ذرّہ نہیں دیکھا ہو ایسا اک خواب
کہکشاں تو ہے بہت دور ــ نہیں گل کی روش
آج بھی میرے تصرّف کی رسائی سے خراب
بعض اوقات جگا ڈالے اگرچہ جادو
اک زمانہ رہے دریا سے کئی ایک سراب
کاوشیں جاری ہیں ابتک نہیں مانی ہے ہار
درمیاں تو نہیں رہنے کا ہمیشہ یہ حجاب

کوئی کچھ بھی کہے لیکن یہ ہے اعجاز ہی سا
جیسے تیرا ہی کوئی آئینہ صنعت ہو
خود بخود ہو گیا ہو روئے زمیں پر پیدا
جیسے کشمیر کا اک خطّۂ صد جنت ہو
ترشا ہے ایسا کہ ہاتھوں نے تراشا ہی نہیں
بالکل ایسا ہے ڈھلا جیسے کوئی نعمت ہو
جذبۂ شوق بڑھ آیا ہے یہاں تک جیسے
آگے اب تیری ہی ہمسائگی رفعت ہو
خام اوّل تو نہیں کوئی بھی پہلو اس میں
ہو، تو آئندہ یقیں ہے کہ نہ یہ خفّت ہو
اس سے انسان کی قامت کا پتہ چلتا ہے

۶۶

غالباً اک یہی اس کا سبب وقعت ہو
آج تک میں نے ابھارے ہیں جو عظمت کے نقوش
ان میں ہر ایک سے ہے 'تاج عظیم' اور جوان
میں ازل ہی سے ہوں منزل کے لئے گرم سفر
چھوڑتا آیا ہوں ہر ایک جگہ کاہکشاں
راہ میں آنے ہیں کچھ اور مقامات ابھی
ہونا ہے اور کسی خطے کو اب رشک جناں
یہ تگ و دو رہیگی تا بہ ابد پائندہ
میری تکمیل ہے شاید اسی دامن میں نہاں
آج تک تو یہی ہے میرے جنوں کا شہکار
میری قامت کی بلندی مری عظمت کا نشاں

اس نظم کی گراں مائگی اس امر میں ہے کہ انسان کے مسلسل اور ازلی سفر کی نشانی وہی فنکارانہ انداز سے کی گئی ہے۔ انسان نے مختلف ادوار میں اپنی عظمت کے نقوش ابھار کر اپنی عظمت کا لوہا منوایا ہے۔ تاج اس کی عظمت کے نقوش میں اس وقت تک اعلیٰ ترین شاہکار ہے۔

نظم کی ابتدا شاعرانہ انداز میں ہوتی ہے۔ انسان اپنے خالق اور خالقِ دوجہاں سے گویا ہے، لہجہ وقیع بھی ہے اور حسن کارانہ بھی ؎

یوں تو صدہا ہیں مرے ذوقِ عمل کے جلوے
لیکن اک یہ کہ جو ہے میرے جنوں کا شہکار

کچھ آگے چل کر اسی بند میں انسان اپنے شاہکار کی اجتماعی اہمیت کا اظہار کرتا ہے اور لہجہ کی ہمہ گیری بڑھ جاتی ہے ؎

یہ نہیں ہے کسی اک کارِ جنوں کا حاصل
کسی اک حسن کا بھی جلوہ نہیں ہے گلکار
عشقِ عالم ہوا ہے طرفہ تمنا آرار
اک دنیا کی تجلّی ہے مآلِ اسرار

دوسرے بند میں ایک اور خوبی سامنے آتی نظر آتی ہے جس کی پرچھائیں بھی کہیں کسی اور نظم میں نہیں ملتی ۔ تاج ہی کیا کسی دوسری حسین شئے کی تعریف کرتے ہوئے ہماری شاعری بیشتر اتنی " شاعرانہ " ہوگئی ہے کہ کوئی دوسری شے حسین نظر ہی نہیں آتی۔ لیکن یہاں انسان اپنے خالق کے شہکاروں یعنی فطرت کے مناظر کے ازلی اور ابدی حسن کا اعتراف کرتا ہے ؎

پھر بھی ابتک نہیں ہو پائی کوئی ایسی مثال
کہ ترے ایک بھی شہکار کا ہو جائے جواب
تیرے شہکار نہایت ہی حسین اور جمیل
کون سا ذرّہ نہیں دیکھا ہو ایسا اک خواب

لیکن "تاج" جیسے شہکار کی تعمیر کا فخر بھی دامن گیر رہتا ہے اس لئے انسان کا لہجہ دب نہیں جاتا یہاں نظم کے اختتام کی جھلک بھی دکھائی دیتی ہے ؎

کاوشیں جاری ہیں اب تک نہیں مانی ہے ہار
درمیاں تو نہیں رہنے کا ہمیشہ یہ حجاب

تیسرے بند میں ظفر ادیب صاحب نے اپنے اور بالکل اپنے انداز میں "تاج" کی تعریف کی ہے ۔ یہاں بھی انسان اپنے خالق سے گویا ہے ؎

کوئی کچھ بھی کہے لیکن یہ ہے اعجاز ہی سا
جیسے تیرا ہی کوئی آئینہ صنعت ہو

اور پھر یہ شعر ؎

جذبۂ شوق بڑھ آیا ہے یہاں تک جیسے

آگے اب تیری ہی ہمسائیگی رفعت ہو

اس کے بعد نظم اس فنکارانہ شکوہ کے ساتھ ختم ہوتی ہے۔

یہ تگ و دو رہے گی تا یہ ابد پائندہ
میری تکمیل ہے شاید اسی دامن میں نہاں
آج تک تو یہی ہے میرے جنوں کا شاہکار
میری قامت کی بلندی میری عظمت کا نشاں

نظم ایک مخصوص آہنگ اور ایک حد تک منفرد زاویہ بھی لئے ہوئے ہے۔ یہ کسی فیشنی یا مروّجہ زاویۂ فکر کی گرمی سے جھُلس بھی نہیں گئی۔ یہ تو نہیں کہ یکسر متنوع اور منفرد رہا ہے۔ اس نظم کا خیال ــــ البتہ مجموعی طور سے یہ اپنے انداز میں خاصے کی چیز ہے۔

پہلے بند میں ؎

اب کے در آنے نہیں دی ہے خرد کی ظلمت
رہنما کر لئے ہیں اپنے جنوں کے انوار

مجھے 'خرد کی ظلمت'، ضرور کھٹکتا ہے۔ جہاں تک 'جنوں کے انوار' کا تعلق ہے وہ تو واقعی نظم کی فضا کے لئے نہایت موزوں ہے شاعر کو 'تاج'، کی تابندگی میں 'جنوں کے انوار'، ہی نظر آئے ہیں۔

بعض مصرعے سیمیں تراش سے محروم رہے ہیں۔ اگر کچھ کاوشِ فکر یا حسنِ الفاظ کو اور زیادہ پیش نظر رکھا جاتا تو یہ نظم اس موضوع پر ایک الگ سے انداز میں اپنی مثال آپ ہو جاتی موجودہ صورت میں بھی اس کے حسن سے انکار دشوار ہی نظر آتا ہے

۷۰

وارث کرمانی

تاج محل

ایک خوابیدہ و مخمور پر اسرار محل
سنگ مرمر میں محبت کا تخیّل جیسے
بیٹھے میٹھے غم ہجراں کا تخیّل جیسے

چاندنی رات میں بہکا ہوا رنگین خیال
جیسے ٹھہرے ہوئے نغمات کا سیمیں آنچل
جیسے شیراز کی پیمانہ در آغوش غزل

گورگانی خلش غم کی جنوں خیز تراش
جیسے چنگیز کیلئے ٹھٹکے ہوئے رومان کا خواب
جیسے مریخ کی آغوش میں زہرا کا رباب

شہسوارانِ سمرقند کا خونریز جلال
ڈھل گیا الفت و اخلاص کے پیمانوں میں
سو گیا وادیٔ جمنا کے خیابانوں میں

ایک نقاش نے مرمر کا سفینہ لے کر
جانے کس تازگیٔ فکر کا اظہار کیا
وقت کے حسن گریزاں کو گرفتار کیا

یہ نظم اس اعتبار سے تو انفرادی حیثیت رکھتی ہے کہ اس میں نرمی و سختی جمال و جلال حسن و عشق، یعنی نرم نرم چھاؤں اور کڑی اور جھلستی ہوئی دھوپ نہایت خوبصورتی سے یکجا ہو گئی ہے گویا زندگی کا جادو کامیاب ہو گیا اور موت، کا عفریت اپنی جابریت بھول جانے پر مجبور ہو گیا ہے۔ یہی کیفیت ہئیت اور خیال میں بھی ہے۔ کتنی بلیغ کوشش ہے اور کس خوبصورتی سے تاریخ کی اہم متحرک لہروں کو سمیٹ لیا ہے جو اول اول تو طوفانی اور قہر مانی رہیں لیکن آخر آخر نغماتی ہو گئیں ______ اس کے علاوہ بالکل ان ہی کیفیات کے مطابق بیان اور اسلوب بھی اختیار کیا ہے ؎

ایک نقاش نے مرمر کا سفینہ لے کر
جانے کس تازگیٔ فکر کا اظہار کیا
وقت کے حسن گریزاں کو گرفتار کیا

بالکل نیا انداز ہے اور نہایت موثر و حسین ہے۔ رابرٹ براؤننگ (ROBERT BROWNING) کی نظم "Statue And The Bust" میں حسن کو گرفتار کرنے کا مفہوم لیا گیا ہے۔

LET ROBBIA'S CRAFT SO APT AND
STRANGE
ARREST THE REMAINS OF YOUNG AND
FAIR
AND RIVET THEM WHILE THE
SEASON'S RANGE

یہ نظم ان نظموں میں سے ایک ہے جن میں بیان بہت لطیف اور اعلیٰ پائے کا ہو گیا ہے مختصر یہ کہ فکر کی نرم نرم آنچ لئے ہوئے نہایت ہی حسین پیرایۂ بیان میں نہایت موزوں اور بڑی ہی مناسب تعریف ہے۔ یعنی حسین بات حسین انداز میں کہی گئی۔

۷۳

پریم وار برٹنی

تاج محل میں آجانا

جب رات کا آنچل لہرائے
اور سارا عالم سو جائے
تم مجھ سے ملنے شمع جلا کر تاج محل میں آجانا
یہ تاج جو چاہت کی آنکھوں کا ایک سنہرا موتی ہے
ہر رات جہاں دو روحوں کی خاموشی زندہ ہوتی ہے
اس تاج کے سائے میں آکر تم گیت وفا کا دہرا جانا
تم مجھ سے ملنے شمع جلا کر تاج محل میں آجانا

جو موت محبت میں آئے وہ جان سے بڑھ کر پیاری ہے
دو پیار بھرے دل روشن ہیں گو رات بہت اندھیاری ہے
تم رات کے اس اندھیارے میں بس اک جھلک دکھلا جانا
تم مجھ سے ملنے شمع جلا کر تاج محل میں آجانا

تنہائی ہے جاگی جاگی سی ماحول ہے سویا سویا ہوا
جیسے کہ تمہارے خوابوں میں خود تاج محل ہو کھویا ہوا

ہو تاج محل کا خواب تمہیں یہ راز ترہیں نے پہچانا
تم مجھ سے ملنے شمع جلا کر تاج محل میں آ جانا

کہتے ہیں جنون عشق جسے رکتا ہے کہاں تلواروں سے
تم دیر تہ کرنا آنے میں رکنا نہ کہیں دلیواروں سے

دیکھے گا تمہاری راہیں ہر روز تمہارا دیوانا
تم مجھ سے ملنے شمع جلا کر تاج محل میں آجانا

O

"تاج" پر ایسی نظموں کی تعداد کافی ہے جن میں شاعر نے اپنی محبوبہ کو "تاج" پر ملنے کی دعوت دی ہے اور کئی پہلوؤں سے اظہار خیال کیا ہے، بالواسطہ بھی اور بلاواسطے بھی۔ کبھی محبوبہ کے سہارے سے "تاج" کی خوبصورتی کو الفاظ کا جامہ دیا اور کبھی "تاج" کی اعلیٰ فنکاری کو سراہتے ہوئے محبوب سے متعلق جذبات کی تصویر پیش کر دی، اس نظم میں یہ دونوں پہلو بلے چلتے ہیں اور اس نظم کی بڑی خصوصیت یہ ہے کہ اس میں تصویری انداز بھرپور طور سے چھایا ہوا ہے۔

اگرچہ "تم مجھ سے ملنے شمع جلا کر تاج محل میں آجانا" کا اتنی بار اعادہ میکانکی ہو جاتا ہے لیکن پہلے بند کے ساتھ اس مصرعہ کی موجودگی "تاج محل" کی تصویر پیش کرتی ہے، قیاس کیجئے اس ماحول کا جو پہلے دو مصرعوں میں پیش کیا گیا ہے۔ پھر ایک شاعر کی محبوبہ شمع جلائے ہوئے آجائے، گویا ماحول میں ایک خراماں تاج محل ہو۔

دوسرے بند کا یہ مصرعہ بھی توجہ چاہتا ہے۔

ہر رات جہاں دو روحوں کی خاموشی زندہ ہوتی ہے

داقعی رات کے وقت دو پیار کرنے والی روحوں کی باتیں سنسنائی ہوئی محسوس ہوتی ہونگی۔

اور یہ بند نظم کی جان ہے ؎

تنہائی ہے جاگی جاگی سی ماحول ہے سویا سویا ہوا
جیسے کہ تمہارے خوابوں میں خود تاج محل ہو کھویا ہوا
ہو تاج محل کا خواب تمہیں یہ راز نہ میں نے پہچانا

تاج محل کا خواب ہی بلکہ تاج محل ہی ——— کتنی کسک ہے اس حصّے میں، یہ راز نہ میں نے پہچانا ——— وہی محسوس کر سکتا ہے جس پر یہ کیفیت گذری ہو ——— اگرچہ آخری بند بالکل میکانکی ہے لیکن یہ بات حسن اور اثر سے خالی نہیں ؎

بجھ دیکھے گا تمہاری یہیں ہر روز تمہارا دیوانا

ان چند ہلکی آنچوں کے ساتھ یہ نظم مناسب طور سے روشن ہے اگر اس کی میکانیت دور ہوتی تو اپنی مثال آپ ہو سکتی تھی۔

۲۲

مہدی نظمی

تاج محل

تاج کیا ہے فنِ تعمیرات میں میرا کمال
تاج کیا ہے ، شاہکارِ بے مثال و لازوال
تاج کیا ہے ، ذہنِ تعمیری کی پروازِ خیال
تاج کیا ہے ، میرے فنکاروں کا معیارِ جمال
جو اثاثہ فن کا ہے ورثہ بنی آدم کا ہے
تاج جتنا میرا ہے اتنا ہی کل عالم کا ہے

تاج جیسے سنگِ مرمر کا کنول کھلتا ہوا
جیسے برگِ گل سے ہیرے کا محل ترشا ہوا
جیسے آنسو عارضِ ممتاز پر ڈھلکا ہوا
حسن جیسے عشق کی آغوش میں سویا ہوا
گنبد و مینار جیسے جام ہو مینا کے پاس
جس طرح صحرا میں مجنوں محملِ لیلا کے پاس

۷۸

وہ خمِ محراب جیسے ابروئے خمدارِ دوست
طاق جیسے وا ہو چشمِ حسرتِ دیدارِ دوست
وہ دریچے جس طرح نازک لبِ گفتارِ دوست
صاف نہریں جیسے عکسِ عارض و رخسارِ دوست
وہ سبک گنبد کہ جوبنِ تاج کا ابھرا ہوا
جیسے آنچل سینۂ محبوب سے سرکا ہوا

تاج سرتاجِ عمارات، جہاں ہے آج تک
ملکوں ملکوں شہرتِ شاہ جہاں ہے آج تک
تاج وجہِ نازشِ ہندوستاں ہے آج تک
حسنِ ماضی سنگِ مرمر میں جواں ہے آج تک
خام تھا تہذیب میں میری محبت کا مذاق
شاہ کی دولت اڑاتی کس کی غربت کا مذاق

جو اثاثہ فن کا ہے ورثہ بنی آدم کا ہے
تاج جتنا میرا ہے اتنا ہی کل عالم کا ہے

یہ شعر شاعر کی لامحدود وسعت نظری اور فنکارانہ فراخدلی کا نقیب ہے۔ مہدی نظمی تاج، کو اثاثۂ فن ہونے کی حیثیت سے تمام نوعِ انسانی کا ورثہ قرار دیتے ہیں۔

شاعر فطرتاً حسن پرست ہے لیکن حسن پرستی کے کئی انداز ہوتے ہیں۔ اسی حسن پرستی کے انداز اس نظم سے چھلکے پڑتے ہیں اس کا طرز بیان بہت نکھرا ہوا ہے اور اس نکھار کو دلکش تشبیہات اور رنگین بنا دیتی ہیں۔

مہدی نظمی نے "ہندوستان" کے عنوان سے ایک طویل نظم کہی ہے۔ اس نظم میں تاج، کا ذکر آتا ہے، یہ چار بند اسی مقام سے لیے گئے ہیں۔

اگر مہدی نظمی صرف یہ شعر ہی کہہ دیتے۔ تو بھی تاج سے متعلق کہی گئی نظموں میں اس نظم کا ایک خاص مقام ہوتا اور تسلیم کر لینا پڑتا کہ یہ نظم اپنے دامن میں ایک ایسا حسن رکھتی ہے اور ایک ایسا نقطۂ نظر رکھتی ہے اور اس میں ایک ایسا کیف کا عالم ہے جو دل و دماغ کو کچھ لطیف سے احساسات دے دیتا ہے یوں اس نظم کے دوسرے اشعار بھی خوب سے ہی ہیں۔

لیکن اس شعر کا تو ایک اپنا ہی انداز ہے۔

جو اثاثہ فن کا ہے ورثہ بنی آدم کا ہے
تاج جتنا میرا ہے اتنا ہی کل عالم کا ہے

اخضر بریلوی

تاج محل (رباعیات)

پیمانۂ عالم میں ہے یہ روحِ رحیق
یا کاتبِ قسمت کا فنِ نستعلیق
کوثر میں ہے ٹھہرا ہوا عکسِ جنت
اللہ رے یہ تاج محل کی تخلیق

گہرے میں عناصر کے ہے جنت کا مزاج
ملتا ہے چشمِ ملائک سے خراج
سانچے میں ہیں ڈھلے ہوئے اجزائے لطیف
حوروں کے تبسم سے ہے نرشا ہوا تاج

میں اور کروں تاج محل کی تعریف
موّمن کا یقیں، خوابِ جناں، روحِ عفیف
رنگین عناصر کا یہ سادہ ایواں
پتھرا گئی کیفیتِ اجزائے لطیف

۸۱

یہ رباعیاں شاعر کے ذہن کی تین مختلف کیفیتوں کے ساتھ ساتھ "تاج" کے تین رُخ بھی پیش کرتی ہیں، کیونکہ یہ ایک ہی موضوع کے تین رُخ ہیں اسی لیے یہ نظم ہی کی ذیل میں آ جاتی ہیں اور تاج سے متعلق ایک مجموعی تاثر چھوڑتی ہیں۔

پہلی رباعی، رباعی کا فنی آہنگ اور تیور لیے ہوئے ہے۔ خیال اور بیان کے حسین پیکر تراشے گئے ہیں، رباعی کا آخری مصرعہ استفہامیہ تعریف کے سبب رباعی کو اتنا زوردار نہیں بنا سکا۔ جتنا رباعی کو ہونا چاہیے تھا۔ اگر دوسرے انداز سے مصرعہ پہنچایا جاتا تو یہ آخری مصرعہ کہیں زیادہ مجموعی تاثر کا سبب ہوتا اور اس سے آگے کی بات بھی ہو جاتی۔۔ یہ صورت تو اُس وقت اختیار کی جاتی ہے جبکہ کہنے کے لیے کوئی بات نہ رہ جائے۔ یہ عجز شاعرانہ ہی ہے۔

دوسری رباعی بھی بہت زیادہ آگے نہیں بڑھ سکی اگرچہ اُس کا آخری مصرعہ پہلی رباعی کے آخری مصرعہ سے، مختلف انداز کا ہے۔ لیکن اگر کچھ اور ابھر کر ہوتا تو اچھا تھا، قافیے کی تنگ دامانی بھی اس کی وجہ ہو سکتی ہے لیکن یہ کوئی جواز نہیں۔

۸۲

تیسری رباعی سب سے اچھی ہے - اگرچہ پہلا مصرعہ برائے بیت ہی ہے پھر بھی یہ زیادہ لطیف، زیادہ حسین اور زیادہ شاعرانہ ہے اس میں اختر صاحب تاج کی تعریف بھی کر جاتے ہیں، یہ بھی بیان کا ایک طرحدار انداز ہے۔
آخری مصرعہ میں تو انھوں نے واقعی کمال کر دیا ہے۔ حسن ادا پھر حسین انداز میں پیش نظر ہو گیا ہے

مومن کا یقین، خواب جاں، روح خفیف
رنگین عناصر کا یہ سادہ ایوان
پتھرا گئی کیفیت اجزائے لطیف

٨٣

یحییٰ اعظمی

تاج محل

جمنا کے کنارے تری مرمر کی عمارت
ہے خاک پہ اک نقشِ حسیں جس سے عبارت
ہے حاصلِ صد فکر و نظر جس کی زیارت
وہ جس کو طرازِ ابدی کی ہے بشارت

کس کے یدِ فنکار نے اس کو ہے تراشا
صدیوں سے ہے جو مرجع اربابِ تماشا

یہ نقشِ دلآویز ترا تاج زمیں ہے
یہ خاتمِ فردوس کا تابندہ نگیں ہے
نقاش کے تخیل کی فردوس بریں ہے
یا خامۂ فنکار کا شہ کار حسین ہے

یہ تاج نہیں حسن و تجمل کی ہے معراج
دراصل مصور کے تخیل کی ہے معراج

دامن میں ترے رودِ جمن کی یہ روانی
اور چادرِ مہتاب کی یہ نور فشانی
جلوؤں سے ترے عکس کے ہے رقص پانی
اللہ رے عظمت تری موجوں کی زبانی

جھک جھک کے مگر سر بہ فلک تیرے منارے
کرتے ہیں کچھ اربابِ تماشا سے اشارے

وہ منظرِ رعنا، ارمِ حسن و محبت
وہ مرقدِ زیبا حرمِ حسن و محبت
دل جس کے ہیں معمورِ غمِ حسن و محبت
کھائیں نہ یہاں کیوں قسمِ حسن و محبت

تو آج بھی اربابِ نظر کی ہے ادب گاہ
اے روضۂ محبوبِ دل آرام شہنشاہ

تو عظمت و تزئین ہے مری خاکِ وطن کی
زینت ہے ترا نقشِ حسیں گنگ و جمن کی
تعمیر یہ تیری نہیں معراج ہے فن کی
تعبیر مجسم ہے تو اک خوابِ غزل کی

ہے دیدۂ نظارہ میں تو اک نقشِ طرب خیز
شاعر کی نگاہوں میں ہے اک بیت دلاویز

۸۵

یہ تیرا سراپا ہے کہ ایوانِ ادب ہے
یہ تیرا مرقع ہے کہ دیوانِ ادب ہے
تو سرخیِ افسانہ ہے عنوانِ ادب ہے
ہر نقشِ دلاویز ترا جانِ ادب ہے

مرمر کے ورق پر تری رعنائی تحریر
کس شے سے کرے خامہ عاجز تجھے تعبیر

تو عظمتِ رفتہ کی ہے تابندہ نشانی
تو سطوتِ ماضی کی ہے پائندہ کہانی
ہر نقش کے آگے ہے خجل صنعتِ مانی
ہر حرف ہے اک دفترِ اسرار و معانی

عزت کا خزینہ ہے تو عظمت کا دفینہ
اک دفترِ معنی ہے یہ مرمر کا سفینہ

---ː؛ ؛ː---

O

خواہ اس کا سبب یہی رہا ہو کہ شاعر 'تاج' کی انہی خوبیوں سے جن کا حامل 'تاج' ہے اس درجہ متاثر ہوا ہو، لیکن یہ ... شاعر کی بھی بڑی کمی ہے اور نظم کی بھی کہ اس میں جذبات و تاثرات نے جگہ نہیں پائی اگرچہ یہ ضرور ہے کہ یہ بھی ایک اندازِ نظم ہے، لیکن ایسی خوبصورت اور اعلیٰ چیز کے بارے میں صرف اس انداز سے کچھ کہنا بالکل بے رُوح ہو جاتا ہے۔ اس سبب سے نظم میں نرمی اور گداز کی کمی ہے۔ صرف یہ کہنے سے بات کا حق ادا نہیں ہوتا ؎

عبرت کا خزینہ ہے تو عظمت کا دفینہ
اک دفترِ معنی ہے یہ مرمر کا سفینہ

یہ حقیقت ہے کہ کافی محنت اور کاوش کا ہاتھ ہے اس نظم کی تراش خراش میں لیکن اس اہتمام و انصرام میں نظم اپنے بوجھ تلے دب جاتی ہے اور اصل فروعات میں چھپ جاتا ہوا نظر آتا ہے۔

کیونکہ نظم کو جذبات کی آنچ کا نکھار نہیں ملا اس لئے اس میں روشنی تو ہے، لیکن گرمی نہیں، جلال تو ہے۔ لیکن 'جمال' نہیں۔

۸۷

علیم اختر مظفر نگری

تاج محل

السلام اے آخری آرامگاہ حسن و عشق
السلام اے یادگار عز و جاہِ حسن و عشق

ساری دنیا کی نگاہوں میں جو تو ممتاز ہے
ساحلِ جمنا کو بھی قسمت پر اپنی ناز ہے

اس طرح تو ایستادہ ہے لبِ آبِ رواں
جیسے غازی مرد ہندوستان کا عزم جواں

یا کسی زہرہ جبیں کے ہاتھ میں تلوار ہے
جو مسلسل حادثوں سے برسرِ پیکار ہے

اے نگارِ سیمتن سیمیں رخ و سیمیں جبیں
نقشِ نازِ مرمریں تعبیر خوابِ دلنشیں

شب کے ماتھے پر تری کرنوں کا سیمیں تاج ہے
چاندنی پر بھی تری تابانیوں کا راج ہے

بہہ رہی ہے ایک رنگ و نور کی جوئے رواں
یا اتر آئی ہے فرشِ خاک پر خود کہکشاں

۸۸

اللہ اللہ چاندنی میں امتزاجِ رنگ و نور
بال بکھرائے ہوئے بیٹھی ہو جیسے کوئی حور
لحظہ لحظہ دل پہ جیسے بارشِ الہام ہے
لمحہ لمحہ ہر نفس اذنِ طلوعِ جام ہے
ساغرِ بلّور میں بھر دی ہے صہبائے غزل
کشتیٔ گلرنگ میں رکھی ہے مینائے غزل
اک کتابِ زندگی کا سادہ و رنگین باب
سینکڑوں لاکھوں سوالوں کا ہے اک سکتِ جواب
حسنِ فطرت کا کمالِ نقشِ ناز آذری
مانی و بہزاد کے تخیل کی صورت گری
عشق کا اک سادہ و رنگین سا مفہوم ہے
یا کتابِ شوق کا سر نامۂ منظوم ہے

O

یہ علیم اختر کی نظم 'تاج محل'، کا ایک حصّہ ہے۔
اس میں اتنی خوبصورت تشبیہیں دیدی گئی ہیں کہ 'تاج محل' کی ہمہ رخی تصویر سامنے آجاتی ہے۔ بعض تشبیہیں تو نہایت مصور اور رنگین ہیں اور احساسات اور جذبات کی تصویر کبھی ترتیب دے دیتی ہیں جن کے تاج محل کے ماحول میں دل و دماغ پر چھا جانے کے امکان ہیں۔ علیم اختر نے 'تاج'، کے دلنواز حسن کو محسوس کیا ہے اسی لئے بہت سی باتیں دل کو چھوتی ہیں۔ یقیناً یہ تاثر شاعر نے اپنے دل میں محسوس کیا ہوگا۔ ؎

لحظہ لحظہ دل پہ جیسے بارش الہام ہے

اور یہ حسن کارانہ بیان ؎

ساغر بلور میں بھر دی ہے صہبائے غزل
کشتی گلرنگ میں رکھی ہے مینائے غزل

لیکن اس سب کچھ کے ساتھ کچھ غیر شاعرانہ بات بھی آجاتی ہے جو کسی طرح موضوع سے میل نہیں کھاتی۔ گویا اس میں محسوساتی کیفیت نہیں رہی ؎

اس طرح تو ایستادہ ہے لب آب رواں

۹۰

جیسے غازی مرد ہندوستان کا عزم جواں

جانے یہ بات کیسے دخل پا گئی ایسے نرم و نازک اور خوبصورت موضوع کے بیان میں ——— کتنی سخت اور کڑی بات ہے، ایسا معلوم ہوتا ہے جیسے کسی چور دروازے سے مزاج کا کوئی عنصر دخیل ہو گیا ہے اور اس کا رد میں احساس نہیں ہوا ہے۔

لیکن اس کا حسن اسے کبھی چھپا لینے کے لئے کافی ہے، یہ بے اثر نہیں ہونے پائی۔ کون اس حسن سے انکار کر سکیگا ؎

عشق کا اک سادہ و رنگین سا مفہوم ہے
یا کتاب شوق کا سرنامۂ منظوم ہے

٩١

سیّد حرمت الاکرام

تاج محل

اک نقشِ جواں ہے تاج محل
کہتا ہے زمانہ پیار جسے جذبات کی اس برنائی کا
مرمر کی چٹانوں کی زد پر ٹھہری ہوئی اک انگڑائی کا
اک نقشِ جواں ہے تاج محل

جلوؤں کی زباں ہے تاج محل
ہر نقش دھڑکتے سینوں کا عنوان بھی ہے افسانہ بھی
سمٹا ہوا ایک سمندر بھی چھلکا ہوا پیمانہ بھی
جلووں کی زباں ہے تاج محل

اک طرفہ سماں ہے تاج محل
ہونٹوں پہ مچلتا نالہ بھی زلفوں کی دہکتی خوشبو بھی
ممتاز کی آنکھ کا جادو بھی خرّم کی آنکھ کا آنسو بھی

۹۲

اک طرفہ سماں ہے تاج محل

اک تازہ جہاں ہے تاج محل
تخلیق میں جس کی دولت کا اندازِ جنوں کام آیا ہے
شاہی کا فسوں کام آیا ہے، مزدور کا خون کام آیا ہے
وہ تازہ جہاں ہے تاج محل

○

حرمت الاکرام کی نظم کوئی غیر معمولی نظم نہیں۔ لیکن معمولی بھی نہیں۔ اس نظم کی بڑی خوبی اس کا حسین آہنگ ہے اس کے علاوہ بعض اعتبار سے یہ جامع اور مکمل بھی ٹھہرتی ہے۔ دیکھئے تاج پر یہ تجزیہ ؎

مرمر کی چٹانوں کی زد پر ٹھہری ہوئی اک انگڑائی کا
اک نقش جواں ہے تاج محل

اور الفاظ کے اس آہنگ کے ساتھ یہ تیر و نشتر بنا ہوا طنز بھی ؎

تخلیق میں جس کی دولت کا انداز جنوں کام آیا ہے
شاہی کا فسوں کام آیا ہے مزدور کا خون کام آیا ہے

وہ تازہ جہاں ہے تاج محل

ہیئت میں جدت اور تنوع نے گیت کی روانی اور لوچ پیدا کر دیا ہے۔ اگرچہ مجموعی اعتبار سے کوئی انفرادی پہلو نہیں ابھرا لیکن بعض باتیں اس انداز سے کہہ دی گئی ہیں کہ مل کر ایک حسین تصویر ابھار دیتی ہیں کہنے کے ڈھنگ کا کیا کہنا ہے۔ عمدہ ہے! حسین ہے! جمیل ہے! جس سے شاعر کے جمالیاتی ذوق کا پتہ چلتا ہے ؎

۹۴

جلووں کی زبان ہے تاج محل

ہر نقش دھڑکتے سینوں کا عنوان بھی ہے افسانہ بھی
سمٹا ہوا ایک سمندر بھی چھلکا ہوا اک پیمانہ بھی
جلووں کی زبان ہے تاج محل

اس وحدانیت سے کسے انکار ہو سکتا ہے،

بہرکیف ایسے ہی حسین ٹکڑوں سے ترتیب پاتی ہے یہ نظم اور روح ودل کو وجد میں لاتی ہے، اگر مزدور کا خون کام آیا ہے، دھبہ نہ بن جاتا تو نظم اپنے انداز کی ایک ہی نظم ٹھہرتی۔

۹۵

مخمور سعیدی

تاج محل

مرمریں قیصر کے دیوار و در و بام پہ ہے
داستانِ کہن اک خطِ شعاعی میں رقم
حسنِ ایامِ گذشتہ کے اس آئینے میں
شاہ و مزدور کے چہرے نظر آتے ہیں بہم

شاہ وہ جسکی محبت کے نقوش سیمیں
خاکۂ فن کو یہ آہنگ و اثر بخش گئے
اور مزدور وہ فنکار جو خونِ دل سے
سنگریزوں کو تب و تابِ گہر بخش گئے

سینۂ ارض پہ تخلیق کے تابندہ نقوش
پابجولاں ہیں اگر آج تو کل ابھریںگے
ذرہ ذرہ سر اٹھانے کو ہے بیتاب ابھی
ذرے ذرے سے کئی تاج محل ابھریںگے

۹۶

○

مخمورؔ سعیدی تاج پر ایک صحتمند اور پر خلوص خیال لے کر ابھرتے ہیں، ان کی نظر اور کئی تاج محل دیکھتی ہے جو ابھی نقوش پذیر نہیں ہو سکے ہیں اور ابھی پتھروں کی تہوں میں چھپے پڑے ہیں جنہیں مصور کی سنگ تراش اور شاعر کی انگلیوں کے لمس کا انتظار ہے، جو بجائے خود بھی اپنے بھرپور معنیٰ رکھتا ہے۔

سینۂ ارض پہ تخلیق کے تابندہ نقوش
پا بجولاں ہیں اگر آج تو کل ابھریں گے
ذرّہ ذرّہ سر اٹھانے کو ہے بیتاب ابھی
ذرے ذرے سے کئی تاج محل ابھرینگے

لیکن وہ بھی عصری روایات کی دلالی سے نہیں بچ سکے اور شاہ و مزدور، کے مفروضہ جذبات سے آلودہ کردیا اگر پہلے دو بند بھی تیسرے بند کی رو لیے ہوئے ہوتے تو یہ نظم ایک پہلو سے ضرور منفرد ٹھہرتی گر اس میں خالص ایک شاعر ایک آرٹسٹ کا جذبہ اور احساس بروئے کار آیا ہے،

——— ٭٭٭ ———

۶۷

طالب چکوالی

تاج محل

پردہ دارِ زخمہائے دلِ فگار
یادگارِ ہستیٔ ناپائیدار

حسرتِ خاموش، سیمیں پیرہن
مثلِ دختِ ماہ نورانی بدن

سادگی میں چاندنی سے بھی حسیں
چاندنی میں قصرِ فردوس بریں

تاجِ پیمانِ وفائے تاجدار
عکسِ جاں افزائے رخسارِ نگار

یادگارِ الفتِ شاہ جہاں
روضۂ ممتازہ فردوس آشیاں

فنِ تعمیرات کی تکمیل تاج
درد و احساسات کی تشکیل تاج

۹۸

○

یہ پوری نظم نہیں بلکہ "تاج" سے متعلق ایک نظم کا اقتباس ہے "تاج" پر پوری نظم میں کوئی خاص بات نہیں تھی یہ اقتباس کئی پہلوؤں سے حسین بھی تھا اور دلچسپ بھی ——— اگرچہ انداز وہی روایتی تمثیلی اور تشبیہی ہی ہے جو اکثر نظموں میں اختیار کیا جاتا رہا ہے، یقیناً اس کی اس کیفیت کو ہر ایک صحیح احساس انسان محسوس کرے گا جو اس میں صوتی خوش آہنگی نے پیدا کر دی ہے،

مختصر سی اس نظم میں طالب چکوالی نے تاج کو ع

پردہ دار زخمہائے دل فگار

اور ع

حسرتِ خاموش سیمیں پیرہن

محسوس کر کے "تاج" سے متعلق کہی گئی اچھی باتوں میں اضافہ کیا ہے۔ لیکن اس میں فارسیت کا گہرا رنگ، کچھ کھٹکتا ہی ہے۔

اسمعیل نجمی

تاج

اس آذری میں پنہاں شانِ براہیمی ہے
اک معجزہ ہے گویا جو سنگ و خشت کا ہے
اک پیکرِ یقیں کا اک صاحبِ عمل کا
پیغام جاں فزا ہے کردارِ بے صدا ہے
تسکینِ قلبِ غمگیں تعبیرِ خوابِ رنگیں
کس کا یہ روئے روشن اب تک چمک رہا ہے
وہ بزم ہے نہ ساقی وہ خم نہ وہ صراحی
اس میکدے میں لیکن ابتک وہی نشہ ہے
رکھتا تھا عشق کس کا تاثیرِ ابرِ نیساں
جس جا برس گیا ہے موتی اُگا گیا ہے
بن کر رہے گا یونہی یہ قبلہ گاہِ عالم
یہ کس کی سلطنت کا جامِ جہاں نما ہے
پروانے آرہے ہیں چاروں طرف سے اڑ کر
دنیا کی انجمن میں اک دیپ جل رہا ہے
ہوتی ہے یہ سعادت سب کو کہاں میسّر
اس عالمِ فنا میں اک عالمِ بقا ہے

۱۰۰

O

اس نظم میں رنگینیٔ بیان کا عنصر غالب ہے جس سے اس کے اثر میں اضافہ ہوتا ہے، یہی انداز ہے جو اس نظم کو فلسفے کا وقار دیتا ہے۔ اور موضوع و مواد کی سطح کو بلندی پر لیجاتا ہے، دیکھئے یہ اشعار؎

اس آذری میں پنہاں شانِ براہمی ہے
اک معجزہ ہے گویا جو سنگ و خشت کا ہے

رکھتا تھا عشق کس کا تاثیر ابرنیساں
جس جا برس گیا ہے موتی اگا گیا ہے

لیکن یہ انداز اقبال کی شان پیدا نہ کرسکا۔ اگرچہ امجد نجمی ان کی نظم "مسجد قرطبہ" کی رفتار اختیار کرنا چاہتے ہیں۔ پھر بھی ان کی نظم میں شاعری اور شعور کچھ دور تک ساتھ ساتھ چلتے ہیں اور ایک کشش اور دلپذیری پیدا کرتے ہیں۔

ساحل سلطان پوری

تاج محل (ممتاز سے)

یہ تیرے حسنِ جہاں سوز کا کرشمہ تھا
کہ بادشاہ کو فنکار کی نظر بخشی
وہ جس کے نور سے روشن ہیں دل کے ویرانے
تری وفا نے زمانے کو وہ سحر بخشی
زمیں کی گود سے مرمر میں ڈھلکے ابھرا ہے
یہ تیری پاک محبت کا جاوداں پیکر
ترے تبسم رنگین کی چاندنی جیسے
سمٹ کے جم گئی وقتِ رواں کے ہونٹوں پر
ترے شباب کی رنگینیوں کا افسانہ
سنا رہی ہے چمن زار کی یہ رعنائی
یہ عطر بار صنوبر کی جھومتی شاخیں
کہ جیسے عالمِ مستی کی شوخ انگڑائی
یہ طاق جن میں فروزاں ہیں پیار کی شمعیں
یہ تیرے ابروئے خمدار کے مماثل ہیں
ترے حضور ادب سے جھکی ہیں محرابیں
یہی نقوش تری زندگی کا حاصل ہیں

تاج پر ہر وہ نظم قابلِ داد ٹھہرتی ہے جس میں اس عجوبہ کو کسی منفرد زاویۂ نگاہ سے دیکھا گیا ہے اس نظم کا TREATMENT اپنے زاویۂ نظر کے مطابق ہے اور اس لئے اس میں ایک خاص حسن ابھر گیا ہے 'تاج' کی حسن آرائیوں کو ممتاز کے حسن سے مماثل و مشابہ بتایا جاتا خوب ہے جبکہ ممتاز کے حسن کے اثر کو اتنی وسعت دے دی جاتی ہے کہ یہی اس کی تعمیر کی وجہ بن جاتا ہے۔ ویسے دیکھا جائے تو اس حقیقت سے انکار نہیں کیا جا سکتا کہ اس کا 'تاج' کے حسن میں بڑا ہاتھ ہے چاہے اس نے صرف شاہجہاں کو ہی متاثر کیا ہو۔ یہ صرف شاعرانہ بات نہیں ؎

یہ تیرے حسن جہاں سوز کا کرشمہ تھا
کہ بادشاہ کو فنکار کی نظر بخشی

ہاں اس بات میں شاعرانہ بات ضرور آ جاتی ہے ؎

ترے شباب کی رنگینیوں کا افسانہ
سنا رہی ہے چمن زار کی یہ رعنائی
یہ خطر بار صنوبر کی جھومتی شاخیں
کہ جیسے عالمِ مستی کی شوخ انگڑائی

۱۰۳

تاج کے حسن تک تو ممتاز کے حسن کی مشابہت و مماثلت سمجھ میں آتی ہے۔ لیکن یہ چمن زار کی رعنائی، عطر بار صنوبر کی جھومتی شاخیں، تو محض شاعرانہ بات ہی ٹھہرتی ہیں۔ یہاں شاعر کا تخیل اپنے دائرے سے باہر نکل گیا۔ یہ تو ہو سکتا ہے کہ تاج کا حسن ماحول پر اثر انداز ہو لیکن یہ بات تصور میں نہیں آ سکتی کہ ممتاز کا حسن ماحول کی دوسری چیزوں کو جو زمانے بلکہ موسم کے ساتھ بدلتی رہتی ہیں۔ وجد میں لے آئے۔

بہرکیف نظم اپنے ظاہر و باطن سے خوبصورت ہے اور اس پر نظر ٹھہرتے کے لئے مجبور ہوتی ہے۔

پریم پال اشک

پتھر کا جہاں

اک حسن کا بہتا دریا ہے
سنگیت کا امڈا ساگر ہے
عاشق کی آنکھ کا آنسو ہے
محبوب کے رخ کا تبسم ہے
جینے کی ادا
مرنے کی لگن
وہ تاج محل
وہ حسنِ عمل

فنکار کا رفن اس سے ہے جواں
اک اک کا پسینہ اس میں گرا
کیوں کا لہو پانی تھا ہوا
اک خواب کی یہ تعبیر ہوئی

۱۰۵

جینے کی ادا
مرنے کی لگن
وہ تاج محل
وہ حسنِ عمل

ملتا ہے بہت کچھُ دیکھو تو
پاؤ گے بہت کچھُ جانو تو
کہنے کو تو ہے پتھر کا جہاں
سمجھو تو بہت کچھ ہے اس میں

جینے کی ادا
مرنے کی لگن
وہ تاج محل
وہ حسنِ عمل

○

آج تک تاج کے حسن کو 'جنت کے نقوش'، 'ممتاز کے لبِ نازک کی چاندنی'، 'اک کنول'، 'جلوۂ عریاں'، 'پیکرِ تاباں'، اور اس کے علاوہ بہت کچھ کہا جا چکا ہے ان صفات کی دلکشی اور حسن سے انکار نہیں لیکن ان میں مادیت کا عنصر غالب ہے یہ مادی رجحان تاج کے جسمانی حسن سے تو انصاف کرتا ہے لیکن روحانی حسن اپنی طرف متوجہ ہونے کے لیے تکتا رہ جاتا ہے۔ اشک کی نظم کی خاص خوبی یہی ہے کہ انہوں نے 'تاج' کو ؂

جینے کی ادا مرنے کی لگن

سمجھا ہے۔ اشک صاحب 'مادیت' سے آگے بڑھے ہیں اور انھوں نے اس میں دوسروں سے کچھ سوا دیکھا ہے۔ وہ اس کی روح کی گہرائیوں میں اترے ہیں اور وہ جوہر نکال لائے ہیں جو اس کی بنیاد اور تعمیر کا سبب ہوئے۔

نظم میں گیت کا انداز اور نغمہ کا بہاؤ۔ سماعت کو یک گونہ کیف بخشتا ہے اگرچہ کہیں کہیں اس کی ناہمواری کھٹکتی ہے جو بعض مصرعوں کی صرف ساخت میں پیدا ہو گئی ہے۔

کہنے کو تو ہے پتھر کا جہاں
سمجھو تو بہت کچھ ہے اس میں

جینے کی ادا
مرنے کی لگن
وہ تاج محل
وہ حسنِ عمل

اس بند نے نظم کے حسن اور تاثر کو ابھار دیا ہے۔ اس فن پارے کی اہمیت کا کیا کہنا ہے، جس میں جینے کی ادا، مرنے کی لگن کے اشارے پائے جائیں دیکھا جائے تو زندگی جو خالق کائنات کا سب سے بڑا فن پارہ ہے انہی عناصر سے ترتیب پائے ہوئے ہے، یہ نہیں تو کچھ نہیں اور یہ ہے تو پھر وہ بھی ایک تاج محل ہی ہے جو حسنِ عمل کا دوسرا نام ہے۔

۱۰۸

محمد عسکری سروش، طباطبائی مرحوم

تاج محل

جانگسل ہجر کا دلدوز فسانہ کہیے
چاہنے والی نگاہوں کا تقاضہ کہیے
شوق و حسرت کی بسائی ہوئی دنیا کہیے
مرمریں خواب محبت تجھے کیا کیا کہیے
حسن کے ذہن کی رعنائی تخئیل ہے تو
سنگ میں عشقِ فسوں ساز کی تکمیل ہے تو

واہ ری قدرت و چالاکئ دستِ فنکار
مسترد کردیئے آثار شکن وقت کے وار
نقش کردی دلِ خارا پہ صبا کی رفتار
سنگ میں ڈھال دیا چاندنی راتوں کا نکھار
ہر ادا حسن کی پائندہ و محکم کردی
عشق کے خواب کی تعبیر مجسم کردی

لی کرن چاند سے ضو مہر سے تاروں سے چمک
موج دریا سے سکوں بحر سے موتی سے دمک
لاج شبنم سے ہنسی پھول سے غنچہ سے چٹک
دلکشی ناز سے رم سے حسن چاہت سے للک
پھر وفاؤں کے لہو میں انہیں تخمیر کیا
سچ بتا تاج محل کیا یونہی تعمیر کیا

یہ ترے قوس و خد و خال ترے نقش و نگار
یہ ترے کنگرہ و کرسی و عرش و مینار
یہ عبارات و اشارات و خطوط و ادوار
فن کے آیات ہیں صنعت کے اچھوتے شہکار
ترے آئینے میں وہ تابش و گہرائی ہے
ملکۂ حسن کی تصویر اتر آئی ہے

چاندنی رات میں اللہ رے یہ تیرا جوبن
گھونگھٹ اوڑھے ہوئے بیٹھی ہے کوئی نوخیز دلہن
اپسرا چاند یا دیکھ رہی ہے درپن
یا محبت کی ستائی ہوئی الھڑ جوگن
باؤلے من کے تقاضوں سے جو گھبرائی ہے
تٹ پہ جمنا کے نہانے کو نکل آئی ہے

یا نہاں خانۂ تخلیق میں پا کر اکمال
چھٹ پڑی ہاتھ سے صناع کے کوئی تمثال
یا بہ ہنگام تماشائے گزرگاہ جمال
رہ گیا جم کے کسی شوخ فرشتہ کا خیال
یا شعاعوں نے بہم عرض نمائش کے لئے
بارگہ ایک بنا لی ہے پرستش کے لئے
ہائے یہ حسن یہ شوخی یہ تبسم یہ بہار
یہ نیاپن یہ نزاکت یہ نفاست یہ نکھار
یہ سجاوٹ یہ لگاوٹ یہ تناسب یہ ابھار
یہ امڈتی ہوئی مستی یہ برستا ہوا پیار
عالم قدس سے لیلائے عدن روٹھ گئی
چاند سے یا کوئی آوارہ کرن روٹھ گئی

نہیں گوکل کا دلآویز فسانہ ہے کوئی
بندرا بن کا جنوں خیز ترانہ ہے کوئی
کاشی و برج کا دیکھا ہوا سپنا ہے کوئی
مرلی والے کا الاپا ہوا نغمہ ہے کوئی
نغمہ کیا پریم کی بنسی کا بجیّا تو ہے
گوپیاں چاند ستارے ہیں کنھیّا تو ہے

کہکشاں کی یہ پھبن چاند کا یہ حسنِ کمال
یہ ہواؤں کے مدھر گیت یہ اندازِ خیال
یہ برستا ہوا مخمور فضاؤں سے گلال
اور شفق میں یہ ترے پیکرِ سیمیں کا جمال

رادھا شرمائی ہوئی رنگ کی بوچھار میں ہے
سیتا اٹھلائی ہوئی آگ کے گلزار میں ہے

تنگ دل کہتے ہیں سرمائے کی لعنت ہے تو
نازشِ ملک ہے سرمایۂ ملت ہے تو
جس نے گھر پائے غریبوں کے وہ دولت ہے تو
زندگی فن کو عطا کی ہے وہ نعمت ہے تو

تجھ سا اس دہر میں تابندہ گہر کیا ہوگا
تجھ سے بڑھ کر کوئی محنت کا ثمر کیا ہوگا

ایک نیا معبدِ تسلیم و عقیدت ہے تو
ایک تازہ حرمِ کفر و محبت ہے تو
طینتِ خاک کا اعلانِ بغاوت ہے تو
یعنی آدم کی سجائی ہوئی جنت ہے تو

تا ابد حسنِ دل افروز ترا تابندہ باد!!
جذبۂ عشق و جنوں زندہ پائندہ باد!!

○

تاج سے متعلق بڑے بڑے حسین اظہارِ خیال پائے جاتے ہیں۔ مگر بہت کم نظموں میں اتنے بھرپور اور والہانہ انداز میں تاج کے حسن کو خراج تحسین پیش کیا گیا ہے اس نظم میں جذب و جنوں کا زور پایا جاتا ہے، بالکل ایسا ہی جیسے کوئی عاشق اپنے معشوق کے حسن کو سراہے، سپردگی کی عجیب کیفیت ہے۔ گویا ایک عقیدت مند کے تاثرات ہیں اسی لئے اسے پڑھ کر پاکیزگی محسوس ہوتی ہے۔ کیونکہ شاعر کے جذبات کی شدّت اور صداقت اور الفاظ کے آہنگ کا جادو بھرپور ہے۔ نظم میں بلا کی روانی اور نکھار ہے! جہاں تعریف کا یہ لہجہ ہے ؎

نغمہ کیا پریم کی بنسی کا بجیّا تو ہے
گوپیاں چاندستارے ہیں کہیّا تو ہے

وہاں تخیّل کی لطافت اور نزاکت کی یہ کیفیت بھی ہے ؎

یا نہاں خانۂ تخلیق میں پاکر اکمال
چھوٹ پڑی ہاتھ سے صناع کے کوئی تمثال

جذبات کی شدّت اور اس کا بہاؤ بھی بڑی چیز ہے ؎

ہائے یہ حسن یہ شوخی یہ تبسم یہ بہار — یہ نیا پن یہ نزاکت یہ نفاست یہ نکھار
یہ سجاوٹ یہ لگاوٹ یہ تناسب یہ ابھار — یہ امڈتی ہوئی مستی یہ برستا ہوا پیار

عالمِ قدس سے لیلائے عدن رد ٹھ گئی
چاند سے یا کوئی آوارہ کرن روٹھ گئی

وہ مقام جہاں سروش نے ساحر کے خیال کی مخالفت کی ہے اس کا لہجہ اور انداز نظم کی فضا کے خلاف ہے اگرچہ یہ ممکن ہے کہ یہی اختلاف بنیاد بنا ہو اس جوشِ جنوں کی جو جان ہے اس نظم کی ہے

اچھا ہوتا اور نظم ایک بڑے عیب (تصنّع) سے بچ جاتی اگر یہ حصّہ شامل نہ ہوتا —— اس کا تو اظہار اس کے بغیر بھی پایا جاتا تھا —— اور یہی اظہارِ حسن تھا اس سے تو حسن کچھ بگڑ ہی گیا اور بات بننے سے قریب رہ گئی ہے

تنگدل کہتے ہیں سرمائے کی لعنت ہے تو
نازشِ ملک ہے سرمایۂ ملّت ہے تو

کچھ موضوع کی نزاکت کے بھی تقاضے ہوتے ہیں۔ جہاں ان تقاضوں کا پاس نہیں کیا جاتا وہاں یہی کیفیت وارد ہو جاتی ہے اور ایک بے عیب چیز عیب دار ٹھہر جاتی ہے۔

افضلؔ پشاوری

تاج محل

جذبِ صادق کی یہ ہے اک تصویر
یادگارِ وفا کا نقشہ ہے
سنگِ مرمر کی یہ حسیں تعمیر
عشقِ انساں کا اک نمونہ ہے

سچّے رومان کا نتیجہ ہے
یہ ہے تعبیر خواب فرقت کی
کھیل دولت کا یہ نہیں افضلؔ
تاج تاریخ ہے محبت کی

جاہ و حشمت کی یہ نہیں شہرت
عشقِ صادق کی ہی بدولت ہے
خاندانِ مغل کا اک عاشق
آج شاہِ جہانِ الفت ہے

افضل پشاوری کی یہ نظم اگرچہ روایتی اور رسمی ہے پھر بھی اس میں ان کا اپنا انداز پایا جاتا ہے۔

انھوں نے 'تاج' کو سچے عشق کا کارنامہ ہی محسوس کیا ہے نظم کی خوبی اس کے الفاظ اور بیان کی سادگی ہے۔ جو افضل کا ایک خاص اسلوب ہے۔ انھوں نے اپنے انداز سے تاج محل سے متعلق اپنے ہی خیالات کا اظہار کر دیا ہے۔ ورنہ نظم تاج سے متعلق کوئی اضافہ نہیں کرتی بلکہ کچھ سطحی باتیں بڑھا دیتی ہے پھر بھی ان کے اپنے انداز کے سبب قابلِ انتخاب ٹھہرتی ہے!

۱۱۶

شجاع خاور

اے تاج!

آلائشِ جہاں کی کثافت کو چھوڑ کر
آیا ہوں کیفیات لطافت کی چاہ میں
اس رنگزار میں ہو کسے حاجتِ 'دماغ'
'دل' چاہتا ہوں تیری مقدس پناہ میں

اللہ رے یہ تیرا دیارِ جنوں نواز
دنیا کے غم سے میں بھی تو بیگانہ ہو گیا
مدہوشیاں تو خیر ہیں مدہوشیاں مگر
اس جا غرورِ ہوش بھی دیوانہ ہو گیا

ممکن ہے فرطِ ہوش میں کچھ اور بات ہو
تو ہے مرے بزرگوں کا خوں میں یہ سوچ لوں
سمجھوں تجھے میں سطوتِ شاہی کی اک ادا
افرادِ بے شمار کے دل کا لہو کہوں

پرواز فکر ہو تو تعجب نہیں کہ میں
تحقیر بلکہ عشق کی تضحیک جان لوں
مفلس کے غم پہ ہنستا ہوا پاؤں تجھ کو میں
جو فلسفہ کہے میں اسے ٹھیک جان لوں

ہر وقت فرط ہوش تو ہے خبط آگہی
مانا کہ ہوش ذوق یقیں کا نکھار ہے
بیگانہ ہو کے ہوش سے ہوتا ہے دل کلیم
ہر لحظہ زخم ہوش تو جاں کا فشار ہے

کچھ رنگ لے نہ جاؤں ترے رنگ زار سے
تعمیل عقل کے تو بہانے ہزار ہیں
سر مستیوں کو وجد میں آجانے دوں نہ کیوں
دنیا میں تو خرد کے فسانے ہزار ہیں

مانا حقیقتوں پہ نظر چاہیے مگر
یہ کیا ضرور کوئی تماشا بھی چھوڑ دے
لازم ہے دل کے پاس رہے پاسبان عقل!!
لیکن کبھی کبھی اسے تنہا بھی چھوڑ دے،،

۱۱۸

ظفر ادیب

کچھ لوگ تو اس نظم کو فراریت کی حامل قرار دیں گے۔ لیکن حقیقت یہ نہیں ہے، زندگی میں ایسے مقامات آتے رہتے ہیں، روز و شب کا قافلہ ایسے اوقات میں چال بدلتا ہوا دکھائی دیتا رہتا ہے اور بڑے بڑے اصحابِ عزم ایسے خیالات کی آڑ ڈھونڈھتے رہتے ہیں۔ فراریت کا تو کسی جذبے پر جب ہی الزام آسکتا ہے جب قنوطیت طاری ہو اور جب ولولے سے مکمل انحراف چاہا جائے یہاں یہ کیفیت نہیں ہے۔

شاعر نے اس بڑی حقیقت کی طرف واضح اشارہ کیا ہے کہ یہ انسان کی ایک فطری ضرورت ہے کہ اسے کچھ وقت کے لیے ہنگاموں سے نجات ملے تاکہ وہ زندگی کی لڑائی کو پہلے سے زیادہ تازہ دمی سے لڑ سکے۔ بالکل اسی طرح جیسے پرندہ اونچی اڑان کے بعد اور دوسری اونچی اڑان سے پہلے چند لمحے اپنے پرو بازو کو سکون و آسائش پہنچائے۔

بادی النظر میں یہ نظم کئی دوسرے شاعروں کی مانند ساحر لدھیانوی کی نظم سے اثر زدہ اور اس کا جواب معلوم ہوگی۔ لیکن یہ بات اس میں نہیں۔ اس میں تو شاعر نے زندگی کے جذب کیلئے قوت چاہی ہے اور اس کے ساتھ ساتھ

ان سب ہی امکانی احساسات اور تاثرات کی نشاندہی کی ہے جن کے اس کی راہ میں آڑے آنے کا اندیشہ ہو سکتا ہے۔

تخیلی یا نظریاتی اعتبار سے یہ نظم خوب ہی ہے۔ اس کے کسی پہلو سے ناخوب ہونے کی گنجائش نہیں۔ رہی بات بیان اور سلوب کی، الفاظ کے بہتر سے بہتر انتخاب اور ان کے استعمال کی ــــــــ تو اس میں کہیں نہ کہیں ضرور حرف گیری کی جاسکتی ہے، ویسے ایسی کوئی بڑی بات نہیں جو کھٹکے۔

آخری بند میں اقبال کے شعر کی موجودگی سے بعض لوگوں کو یہ گمان ہو سکتا ہے کہ اسی شعر پر بنیاد رکھی گئی ہے تمامتر احساسات اور خیالات کی ..... یہ بات درست نہیں۔ جب شاعر آخری بند پر پہنچا ہے اس وقت اسے اس شعر کا خیال اتفاقیہ آگیا ہوگا۔ اس لیئے یہ بجائے غیب کے حسن ہی بن گیا ..... زیادہ سے زیادہ یہ کہا جا سکتا ہے کہ جہاں ہوش پر خود رفتگی کو ترجیح دی گئی ہے۔ وہیں سے یہ شعر سامنے آیا، میرے خیال میں اس میں حرج نہیں واقع ہوتا۔

۱۲۰

ساحل مونگیری

تاج محل

اک غزل!
حسنِ تخلیق کی مستیوں نے کہی
اک کنول!
صبح دم جھیل میں کھل گیا
دو دھڑکتے ہوئے دل کی ویرانیاں
خامشی وقت کی، حشر سامانیاں
گیت کے رُوپ میں، پیار کی دھوپ میں
رقص کرنے لگیں، یوں سنورنے لگیں
جس طرح آئینے کے قریں کوئی حرماں نصیب
دفعتاً اپنے محبوب کی
گرم سانسوں کی حدّت کو پانے لگے
فرطِ احساس سے لب چبانے لگے
تھرتھرانے لگے۔
اور پھر سوچ کی گہری پرچھائیاں
آگ کی گود میں سرد تنہائیاں

۱۲۱

عشق کی آنکھ سے خون بن کر گریں
اپنے دامن میں خنکی سمیٹے ہوئے
وقت کے گرم رخسار پر
چارہ سازی کے انداز میں
یک بیک تھم گئیں
اک کنول کھِل گیا اک غزل ہو گئی !

ساحل مونگیری کی نظم آزاد نظم کا مخصوص انداز لیئے ہوئے ہے اور یہ انداز یہاں بھی تمثیلی اور محسوساتی ہے۔ اس انداز نے اس میں گرمی بھر دی ہے حالانکہ اسی انداز نے کہیں کہیں ساحل صاحب کو ان کے مرکزی نقطے سے بھٹکا بھی دیا ہے اسی لیئے قاری کو محسوس ہونے لگتا ہے کہ بعض مصرعے الگ الگ سے ہیں۔

لیکن ایک خاص خوبی یہ ہے کہ "تاج" کو مادی نقطہ نظر سے دیکھنے کے بجائے حسن و تخیل کے اعتبار سے دیکھا گیا ہے اور احساسات تیور ابھارنے میں معاون ہوئے ہیں۔ اس لیئے یہ نظم حسین و جمیل ہو گئی ہے۔

اک کنول کھل گیا
اک غزل ہو گئی

یہ ان مصرعوں کی خوبی ہی تو ہے جو نظم کا مقصد پورا کر دیتی ہے اور "تاج محل" کی تصویر آنکھوں کے سامنے رقصاں ہو جاتی ہے۔

ساحل صاحب کی یہ کوشش لائق ستائش ہے ورنہ اس کوچے میں تو اچھے اچھے بھٹک جاتے ہیں کیونکہ تمثیلی رنگ وہ کافرہ ہے جو بہت کم لوگوں

کے رام کئے رام ہو سکی

اگر اس نظم میں یہ دو مصرعے نہ ہوتے اور کہیں کہیں احساسات کے شدید جھٹکے نہ ہوتے تو یہ نظم قابلِ التفات نہ ٹھہرتی جیسے یہ ؎

جس طرح آئینے کے قریں، کوئی حرماں نصیب
دفعتاً اپنے محبوب کی۔
گرم سانسوں کی حدّت کو پانے لگے
فرطِ احساس سے لب چبانے لگے
تھرتھرانے لگے

شمس غازی آبادی

تاج محل

حیرت ہے کہ کچھ لوگ تجھے دیتے ہیں الزام
یہ ان کے نئے طرز تخیل کی خطا ہے
حالانکہ حقیقت میں عمارت کا یہ مصرف
تہذیب کے چہرے کے لئے نور خدا ہے
ہے مستیٔ صد شوق تری دید سے حاصل
انوار کی لہروں پہ صبا دوڑ رہا ہے
کیا جانئے وہ کون سے دل دفن ہیں تجھ میں
پتھر کی رگوں میں بھی لہو دوڑ رہا ہے
غزالیٔ محبت میں ہے تفریق دوئی کفر
آوازۂ لیلیٰ پہ بھی مجنوں کا گماں ہے
تانیث ہے تذکیر کے پہلو سے نمایاں
ممتاز محل ہو کے بھی تو شاہ جہاں ہے
کس چیز سے تشبیہ دوں کیا کیا تجھے کہہ دوں
جتنا بھی ترے حسن کی تعریف ہو کم ہے
اے موسیٔ عمرانِ وطن کے ید بیضا
تو واقعی دنیائے محبت کا حرم ہے

یہ نظم ان نظموں میں سے ہے جن میں ساحر کی نظم کے خیال سے اختلاف ظاہر کیا گیا ہے اور ساحر کے اندازِ فکر کو نئے تخیل کی دین کہا ہے - غالباً اس نئے طرزِ تخیل سے مراد اشتراکیت ہی ہے اسی لئے شاعر اپنی بات کو تقویت دینے کے لئے کہتا ہے ؎

حالانکہ حقیقت میں امارت کا یہ مصرف
تہذیب کے چہرے کے لئے نورِ خدا ہے

پھر یہ بات ؎

کیا جانئے وہ کون سے دل دفن ہیں تجھ میں
پتھر کی رگوں میں بھی لہو دوڑ رہا ہے

تہذیب کے چہرے کے لئے نورِ خدا ہونے کے یقین کو استحکام دے دیتی ہے اس سے قطع نظر "کیا جانئے وہ کون سے دل دفن ہیں تجھ میں" "پتھر کی رگوں میں بھی لہو دوڑ رہا ہے" فن کی عظمت کو بلند کرتا ہے کیونکہ صرف اسی فن پارے میں زندگی عیاں ہو سکتی ہے - جسمیں مصنف یا صاحبِ فن کا کردار جھلک اٹھے -

تیسرا بند محض ایک بات بنانے کی کوشش ہے اور اثر سے بھی خالی ہے۔

آخر یہ "تانیث ہے تذکیر کے پہلو سے نمایاں" کہنے کی کیا ضرورت تھی۔ یہ قواعد زدگی سمجھ میں نہیں آتی۔

آخری بند کا دوسرا شعر تشبیہ اور تمثیل کی معراج لئے ہوئے ہے شاید اس سے زیادہ خوبصورت تشبیہ بہت کم دی جا سکی ہوں۔ ع

اے موسیٔ عمرانِ وطن کے یدِ بیضا

اور یہ خیال جسے "واقعی" کہہ کے یقینی ٹھہرایا گیا ہے اسکے بعض پہلوؤں سے بلاشبہ انکار نہیں کیا جا سکتا۔ کیونکہ آج تک بیشتر لوگوں کے لئے تو تاج واقعی دنیائے محبت کا حرم ہوا ہے۔ نظم میں کئی اور خوبیاں بھی ہیں اور شاعر کی فنی صلاحیتوں کا پتہ چلتا ہے۔

شہریار (تہرانی)

تاج محل

اے زمیں کے تخت پر تاج سر عرش بریں
آگرے کے طور پر اک جلوۂ جاں آفریں
مطلع خورشید حسن و عشق ہے تیری جبیں
چومتے ہیں تیرے قدموں کو فلک کے نازنیں
اک کنول کا پھول ہے سارے جہاں کی جھیل میں
عشق کی ہے شمع روشن حسن کی قندیل میں

مرمریں گنبد قمر، زریں کلس ہے آفتاب
باغ جنت کا چمن لہریں تری کوثر کے خواب
جالیاں تیری رخ فطرت کی ہیں رنگیں نقاب
بیل بوٹوں کی رگوں میں خون طوبیٰ کا شباب
معنئ زیبا ہے تو تخلیق کی تحریر کا
ہے ستارہ جنت الفردوس کی تقدیر کا

۱۲۸

اے خدائے حسن کے یوسف جبیں پیغامبر
جگمگاتے ہیں تری تعمیر میں شمس و قمر
دردمندوں کو دمِ عیسیٰ تری شام و سحر
جبیع اکبر دید تیری کعبۂ ذوق نظر
تو لبِ جمنا پہ ہے اک نغمۂ ساز حیات
رقص پیرا ہے ترے میٹھے سروں پر کائنات

۱۲۹

O

شہریار ایک فارسی شاعر ہیں انھوں نے تاج کو دیکھا اور اس کے حسن سے متاثر ہو کر نظم کہی۔ ممکن ہے انھوں نے تاج پر کہی ہوئی اردو شعرا کی نظمیں بھی دیکھی ہوں۔ یہ اس نظم سے لئے ہوئے بند ہیں۔

اگرچہ ان بندوں میں تاج کی تعریف کسی الگ انداز اور الگ زاویے سے نہیں ہوئی لیکن جو جذبہ محرک ہوا ہے۔ اس کی صداقت اپنا حسن دکھاتی ہے بھاری بھرکم الفاظ اور لطیف استعارات کی موجودگی ان کے فارسی شاعر ہونے کی وجہ سے ایک حسن ٹھہرتی ہے۔

معنیٔ زیبا ہے تو تخلیق کی تحریر کا
ہے ستارہ جنت الفردوس کی تقدیر کا

یہ معنیٰ آفرینی نظم کی خاص خوبی بن جاتی ہے ع

اے زمیں کے تخت پر تاج سرِ عرشِ بریں

اور نظم کو بعض پہلوؤں سے خوبصورت بناتی ہے۔

اگر اس میں جذبے کی صداقت نہ ہوتی تو سب کچھ کے باوجود یہ نظم بے کیف ٹھہرتی ایک تو اس کے جذبے کی صداقت اور دوسرے یہ بات کہ

۱۳۰

تاج محل، دوسرے لوگوں کو بھی سچے تاثرات عطا کرتا ہے، اس نظم کو خوبصورت اور دلپذیر بناتی ہے۔

جو اصلیت اور مصنوعیت میں فرق ہوتا ہے وہی فرق اس نظم میں اور بعض دوسری نظموں میں ہے جن میں صرف روایتی تعریف پائی جاتی ہے اور جس کی وجہ سے وہ نظمیں بے روح ہو جاتی ہیں۔

------------ : ۔ : ------------

ضیاؔ ربانی

تاج محل

یہ وہ روضہ ہے جس کو جنت ہندوستاں کہیے
جسے تعبیر خواب حسرتِ شاہ جہاں کہیے
بہت رنگین اک نقشِ غبارِ کارواں کہیے
بہارستانِ صنعت کی بہارِ جاوداں کہیے
جہانِ رنگ و بو میں یادگارِ دورِ ساقی ہے
یہ آثارِ صنادیدِ عجم کا نقش باقی ہے

کسی دن چاندنی راتوں میں اس کو دیکھیے آکر
نظر آئے گا چاروں سمت یکسر نور کا منظر
جسے مطلق سکوں کہتے ہیں چھا جاتا ہے روضہ پر
چراغ آستاں معلوم ہوتا ہے مہ انور
درخشانی جہانِ گل کو آئینہ دکھاتی ہے
در و دیوار پر شب کو شفق سی پھول جاتی ہے

١٣٢

جڑے تھے اس میں لعل و نیلم و پکھراج کہتے ہیں
پلے تھے اس سے لاکھوں بیکس و محتاج کہتے ہیں
کمال و اوج صنعت کی اسے معراج کہتے ہیں
پرِ سرخاب کچھ تو ہے کہ اس کو تاج کہتے ہیں
نمایاں عظمتِ تعمیر سے اعجاز پیہم ہے
کہ بن کر مدفن ممتاز، یہ ممتازِ عالم ہے

اسے شاہِ جہاں کے ذوقِ فطرت نے بنایا ہے
کمالِ عقل سے اربابِ حکمت نے بنایا ہے
مغل فرماں رواؤں کی حکومت نے بنایا ہے
حکومت نے نہیں بلکہ محبت نے بنایا ہے
محبت کا کرشمہ عقل کو حیران کرتا ہے
فرشتے کر نہیں سکتے جو کام انسان کرتا ہے

۱۳۲

اس نظم کا یہ مصرعہ دامنگیر ہوتا ہے ع

پلے تھے اس سے لاکھوں بیکس و محتاج کہتے ہیں

اگر "کہتے ہیں" میں کچھ غیر یقینی کا عنصر بھی شامل نہ ہو جاتا تو اس سے ایک تاریخی حقیقت پر روشنی پڑ جاتی - اگرچہ یہ درست ہے کہ تاج کے مقابلے میں دوسری شاہی عمارتوں نے اس مقصد کو زیادہ موثر طریقے سے پورا کیا ہے، لیکن تاج کی اس افادیت سے بھی انکار نہیں کیا جا سکتا۔

مگر ضیاؔ صاحب اس خیال سے سرسری طور پر گزر گئے ہیں اس کا تاثر بھی نہیں ابھرا بلکہ آس پاس کے مصرعوں نے اس کے اثر میں کمی کر دی ہے۔ اگر وہ نظم میں بھر پور طور سے اس خیال کو ابھار دیتے تو بڑا کام کرتے یہی نظم میں ایک خوبی ہے اور کوئی پہلو ایسا نہیں ہے جو کوئی غیر معمولی تاثر چھوڑ جائے۔

اور یہ بات بھی ایک حقیقت کی طرف اشارہ کرتی ہے ؎

محبت کا کرشمہ عقل کو حیران کرتا ہے		فرشتے کر نہیں سکتے جو کام انسان کرتا ہے

محبت تو صرف کرشمے ہی نہیں۔ معجزے بھی دکھاتی ہے اس سے تو انسان اشرف المخلوقات ٹھہرا ہے۔ یقیناً محبت کا بھی "تاج" کو عجائبات عالم کا سرتاج بنانے میں ہاتھ ہے۔ ورنہ صرف حکومت اور دولت یہ کارنما یاں نہ کر سکتی تھی۔

۱۳۴

کلیم بدایونی

تاج محل

اک تاج محل آنکھوں میں ہے
فطرت کی غزل آنکھوں میں ہے

بیلے کی کلی، مرمر کی ڈلی
جذبات کی روح احساس کا تن
تنویرِ قمر، انوارِ سحر
الفت کا کنول آنکھوں میں ہے
اک تاج محل آنکھوں میں ہے

آغازِ وفا، انجامِ وفا
یہ صبحِ وفا یہ شامِ وفا
کل بھی تھا جواں اب بھی ہے جواں
تاریخِ عمل آنکھوں میں ہے
اک تاج محل آنکھوں میں ہے

۱۳۵

ماضی کی کئی یادیں لے کر
داغوں کی حسیں شمعیں لے کر
دربارِ وفا میں آیا ہوں
کچھ اشک کے موتی لایا ہوں

ہر غم کا بدل آنکھوں میں ہے
اک تاج محل آنکھوں میں ہے
فطرت کی غزل آنکھوں میں ہے

------: :------

○

اس نظم میں ایک سماجی حسن اُبھر آیا ہے اور موسیقی کی لہریں اُٹھتی بیٹھتی پھیلتی سمٹتی، بڑھتی، ہٹتی ہوئی محسوس ہوتی ہیں اسی وجہ سے ایک ہلکی سی وجدانی کیفیت چھا جاتی ہے اور آخر میں واقعاتی رنگ مرتب ہو جاتا ہے۔ لہجہ کلیمؔ بدایونی کا دلپذیر ہے جس طرح وہ اس دربارِ دل میں پہنچے ہیں بہت سے محبت کرنے والے یوں ہی پہنچتے ہیں۔ اس طرح یہ انفرادی یا ذاتی نہیں رہ جاتی بلکہ اجتماعی اور عوامی ہو جاتی ہے کلیم بدایونی نے اس ماحول میں جسطرح تسکین پائی ہے یا جس توقع سے وہ اس ماحول میں آئے بالکل اسی طرح اور لوگ بھی آتے ہیں اور تسکین پاتے ہیں۔ کیونکہ اس ماحول کا پس منظر تسکین کا سامان رکھتا ہے ——— ہر دُکھے ہوئے دل کے لیے نظم میں گیت کی سی روانی ہے۔ اور الفاظ میں بھی نرمی ہے ؎

بیلے کی کلی، مرمر کی ڈلی
جذبات کی روح، احساس کا تن

ہیئت کے اعتبار سے نظم 'بلینک ورس' کے دائرے میں جا پڑتی ہے، انداز تو اس کا آزاد نظم سے ہے ...... مرکزی خیال یا بنیادی نظریہ محبت کے زخموں پر مرہم کی فراہمی ہے، جیسے کئی لوگ تاج کے ماحول میں بہلا لیتے ہیں۔ اور کچھ دل کا بوجھ ہلکا کر لیتے ہیں۔

سعید عقاب

تاج محل

یہ حسین تاج محل عظمتِ آدم کا امین
آرزو پیار کے سانچے میں یہاں ڈھلتی ہے
عشقِ ممتاز کا ہے رازداں ہر نقش جمیل
اس کے ہر طاق میں قندیلِ وفا جلتی ہے

اس کی تاریخ محبت کا پتہ دیتی ہے
اس کی تعمیر میں عنصر ہے وفاداری کا
فکر و فن کو یہاں معراج ہوئی ہے حاصل
ایک پیغام ہے یہ ذہن کی بیداری کا

سطح جمنا پہ لرزتا ہوا یہ عکسِ جمیل
کتنی بے تاب تمنائیں مچلتی ہیں یہاں
اپنے عشاق سے بچھڑی ہوئی محبوبائیں
دیکھ اس کے مناظر ہی تڑپتی ہیں یہاں

چاندنی رات میں جذبات مچل جاتے ہیں
حسن لیلیٰ در و دیوار پہ لہراتا ہے
جاگ اٹھتے ہیں وہ ماضی کے فروزاں لمحے
جن کی یاد آتے ہی اک کیف سا چھا جاتا ہے

کتنے ہاتھوں نے اسے حسن کا جوہر بخشا
کتنے لوگوں نے اسے شاہ جہانی بخشی
ان کے سینوں میں محبت کی کسک تھی شاید
تب ہی تو پیار کی اک ایسی نشانی بخشی

عظمتِ تیشۂ فرہاد میں خوں پنہاں ہے
ہر پرستار محبت نے نشانی دی ہے
عشق ممتاز نے شاعر کو بطور تحفہ
تاج کے روپ میں رنگین کہانی دی ہے

○

یہ سوال کہ "تاج" کی تعمیر کے بعد کیا ان تمام صناعوں کی محبت اور ان کے دلی جذبات کو تسکین نہ مل گئی ہوگی جو آج بھی بے نام و نمود ہیں۔ یقیناً ایسا ہوا ہوگا۔ انھیں تسکین ملی ہوگی، کیونکہ اس عجوبے کے ابدی حسن کی تخلیق میں ان صناعوں کی دلی کسک اور محبت کے رنگ بھی، بلکہ رنگ ہی لہرائے ہیں ؎

کتنے ہاتھوں نے اُسے حسن کا جوہر بخشا
کتنے لوگوں نے اُسے شاہ جہانی بخشی
ان کے سینوں میں محبت کی کسک تھی شاید
تب ہی تو پیار کی اک ایسی نشانی بخشی

اگرچہ اسے جس یقین اور اعتماد کے ساتھ کہا جانا چاہیے تھا اس سے محسوس نہیں کیا گیا اور "شاید" کہہ کے اپنی بات کو کمزور کر دیا گیا لیکن سعید عقاب نے بہت سے کہنے والوں کی طرح "تاج" کی تعمیر کے لیے شاہجہاں کی ذات کو ہی بنیاد تسلیم نہیں کیا ــــ اگر یہ اوّل سے آخر تک حقیقت بنی رہتی تو "تاج" ایسا نہ ہوتا جیسا کہ ہو سکا ہے، یہ خیال اور بھی پختہ

۱۴۰

ہو جاتا ہے جب وہ کہہ دیتے ہیں ع

ہر پرستارِ محبت نے نشانی دی ہے

پہلے کے سب ہی بند رسمی ہیں اور ذہن پر ان کی کوئی مضبوط گرفت نہیں پڑتی ثابت ہو جاتا ہے کہ الفاظ بھی خوش آہنگ اور ہموار نہیں، یہ کیفیت تو قریب ساری نظم میں پائی جاتی ہے ؎

ع آرزو پیار کے سانچے میں یہاں ڈھلتی ہے

ع اپنے عشاق سے بچھڑی ہوئی محبوبائیں

پھر بھی مرکزی خیال کے اعتبار سے نظم اچھی ہی تسلیم کرنی پڑتی ہے کہیں کہیں حسین بیان کی بھوار بھی اپٹلرنگ کرجاتی ہے، مرکزی خیال مستحسن ہے اگرچہ اس کو اسلوب و اظہار اس کے مطابق نہیں مل سکا۔

اکبر وفا قانی

تاج محل کو دور سے دیکھکر

اک خواب کی دنیا کو کھڑا دیکھ رہا ہوں
میں دہر میں تعبیر فنا دیکھ رہا ہوں

وہ گنبد و محراب وہ مینار رنگینہ
جوں محوِ تبسّم کوئی خوابیدہ حسینہ

یوں دور درختوں سے یہ جلوہ نظر آیا
یا دل سے کوئی چاند نکلتا ہوا آیا

ہر شئے متنا سب کوئی گوہر کی لڑی ہے
اک حور ہے جو مرمری جامے میں کھڑی ہے

ہر قبہّ دیکھتا ہوا، ہیرے کی کنی ہے
یہ ہند کا احرام، زلیخا بدنی ہے

۱۴۲

دوشیزۂ اقبالِ سلاطین کہیں اس کو
تیمور کی اولاد کی تمکیں کہیں اس کو

گنبد ہے کہ یہ لختِ دلِ شاہ جہاں ہے
جو اپنی تمنا کے لیے خود نگراں ہے

———— : ❖ : ————

نظم میں کوئی بھی ایسا پہلو نہیں جس سے یہ عنوان نظم پر جچتا ہوا محسوس کیا جائے، سب باتیں وہی ہیں جو تاج، سے متعلق کہی جا سکتی ہیں، دور و نزدیک کی کوئی تخصیص نہیں اس موضوع سے اکبر صاحب یقیناً فائدہ اٹھا سکتے تھے، لیکن یا تو وہ یہ کر نہ سکے یا انہیں یہ پہلو سوجھا ہی نہیں ؎

گنبد ہے کہ یہ لختِ دل شاہجہاں ہے
جو اپنی تمنا کے لئے خود نگراں ہے

تخیل تو اچھا ہے۔ لیکن اظہار خوب بن نہ سکا گنبد کو دل، تو کہا جا سکتا تھا۔ لیکن لختِ دل، کہنا موزوں نہیں۔ پھر نگراں ہونے کی بات بھی تصویری انداز نہیں رکھتی۔ ایک تو اس لئے کہ شاہجہاں خود بھی اس میں دفن ہے دوسرے بلندی سے نگراں ہونا خلاف قیاس ہے۔ تاج محل۔ کو شاہجہاں کی تمنا کہنا اور اس کے دل کو نگراں دکھانا تو ایک خاص بات رکھتا ہے۔ لیکن یہ سب کچھ اس انداز سے گڈمڈ ہے کہ کوئی تصویر بن نہیں پاتی۔

ہاں یہ مصرعہ ؎

یہ ہند کا احرام زلیخا بدنی ہے

ایک دلپذیر انداز کی تشبیہہ رکھتا ہے اگرچہ اس کا پہلا مصرعہ اس کے جوڑ کا نہیں ہو سکا۔

پھر بھی اکبرؔ صاحب نے کافی خوبصورت پیرائے میں اس عجوبے کے حسن کو بیان کرنے کی کوشش کی ہے ؎

دوشیزۂ اقبالِ سلاطین کہیں اس کو
تیمور کی اولاد کی تمکین کہیں اس کو

اگرچہ یہ بالکل بے جوڑ اور غیر متعلق بات ہے نہ جانے "دوشیزۂ اقبال سلاطین" کیسے کہہ دیا گیا اور پھر تیمور اولاد کی تمکین بھی ٹھہرا دیا گیا۔

جمالؔ صابری

تاج محل

کسی کے دل کی تڑپ کامیاب ہو جیسے
کسی کے دل کی دعا مستجاب ہو جیسے

یہ حسنِ تاج خنک چاندنی یہ چودھویں رات
ردائے نور میں مستِ شباب ہو جیسے

یہ سرو اور یہ مینار و گنبدِ سیمیں
عمل کی شکل میں رنگین خواب ہو جیسے

یہ تاج اور یہ جمنا یہ روشنی یہ سکوں
کہ نو عروسِ سحر بے نقاب ہو جیسے

یہ نقشِ مرمریں اور اس پہ ابر کے سائے
کسی حسین کے رخ پر نقاب ہو جیسے

۱۴۶

تصورِ دلِ عاشق تصورِ محبوب
یہ نبضِ ذوقِ وفا کامیاب ہو جیسے

فضا میں شمعِ ابد جیسے کوئی روشن ہو
زمیں کی گود میں اک ماہتاب ہو جیسے

روش روش پہ بہاروں کا رقص ہوشربا
زمیں پہ خلدِ بریں کا جواب ہو جیسے

کمالِ صنعتِ انسان کا شاہکار نہیں
خدا کا راز کوئی بے نقاب ہو جیسے

ہر اک نگاہ کو ملتی ہے اس طرح مستی
کہ تاج کشتیٔ جامِ شراب ہو جیسے

اردو شاعری میں تاج محل
شجاع خاور

○

یہ نظم تصویری ہے، کچھ ادھوری تصویریں اور کچھ پوری تصویریں یکجا ہو گئی ہیں، اگر کوئی تصویر اپنے بیان کی خامی اور انتخابِ الفاظ کی کمی یا ندیکائی اسلوب و اظہار کے سبب ادھوری رہ گئی ہے تو کوئی تصویر اپنے فطری انداز میں ہونے کی وجہ سے نہایت نکھر گئی ہے اور تاج کی رُخ رُخ کی تصویر کو آنکھوں کے سامنے لے آتی ہے، اگر اس نظم میں سب ہی تصویریں اس انداز سے ہوتیں تو یقیناً یہ نظم اس انداز کی اپنے ہی قسم کی ایک نظم ہوتی ۔۔ لیکن موجودہ صورت میں ایسا ممکن نہیں ہو سکا، کیونکہ شاعر غالباً وجدان کی رو کو ایک رفتار پر قائم نہیں رکھ سکا جہاں وجدان کی آنچ نرم پڑ گئی ہے وہاں تصویریں ادھوری رہ گئی ہیں اور وہیں روایتی انداز بھی آ گیا ہے جسے خانہ پُری کا نام بھی دیا جا سکتا ہے لیکن ساری نظم میں آہنگ کی نرمی رواں ہے اور اس سے اس میں ایک حسنِ نمایاں ہو گیا ہے۔ لیکن یہ حسن اپنے دامن میں بے ساختگی، صداقتِ جذبات، حسنِ بیان اور اشارگی لطافت رکھتا ہے جس سے یہ پہلو ابھر آئے ہیں

کسی کے دل کی تڑپ کامیاب ہو جیسے
کسی کے دل کی دعا مستجاب ہو جیسے

۱۴۸

یہ نقش مرمریں اور اس پہ ابر کے سائے
کسی حسین کے رخ پر نقاب ہو جیسے
فضا میں شمعِ ابد جیسے کوئی روشن ہو
زمیں کی گود میں اک ماہتاب ہو جیسے

اور یہ مصرعہ ع
عمل کی شکل میں رنگین خواب ہو جیسے

اس نظم کا خالص شاعرانہ ہونا ہی اس کا حسن ہے، اچھا ہی ہے کہ نظریاتی نہیں ہوئی!

۱۴۹

شہاب مرادآبادی

تاج محل

تاج اے تسکین بخش دیدۂ آشفتگاں
تو حقیقی عشق کی ہے ایک زندہ داستاں
تجھ سے واضح ہو رہی ہیں پیار کی رعنائیاں

تیری ہستی بیش قیمت تیری عظمت باکمال
ساری دنیا پیش کرسکتی نہیں تیری مثال
فخر ہندوستان کہوں میں یا تجھے فخر جہاں

رقص کرتی ہیں بہاریں تیرے صحن و بام پر
منحصر کب ہے تجلی تیری صبح و شام پر
ہر گھڑی ہے تو حسین آٹھوں پہر ہے نوجواں

اک مصوّر کے تصوّر سے بھی ہے بڑھ کر حسین

اک شاعر کا تخیل تیرے آگے کچھ نہیں
جیسے تجھ پر پڑ گئیں فردوس کی پرچھائیاں

جلوہ گاہ حسن ہے یا جلوہ گاہ ناز ہے
تیرے ہر ذرے میں پوشیدہ وفا کا راز ہے
اے محبت کے نشاں اے دو دلوں کے رازداں

زبان کی سلاست بیان کی روانی، دل کی راہ سے آئے ہوئے پرخلوص اظہار خیال کی یہ نظم حامل ہے یوں تو کئی دوسری نظموں کی طرح روایتی ہی ہے، کوئی منفرد لہجہ یا مخصوص پیرایہ بیان بھی نہیں جس سے شہاب صاحب اور اس نظم کی انفرادیت سامنے آئے۔ یہ اچھا ہی ہوا کہ شہاب مرادابادی اس نظم میں عطف و اضافت کی کثرت سے بچ رہے ہیں اس سے نظم کے حسن اور آہنگ میں اضافہ ہی ہوا ہے یہ دونوں باتیں ؎

ایک مصوّر کے تصوّر سے بھی ہے بڑھ کر حسین
ایک شاعر کا تخیّل تیرے آگے کچھ نہیں

یونہی سی ہیں، بلکہ محض بات بنانے کا ایک ہلکا انداز ہے۔ مصوّر کا تصوّر اور شاعر کا تخیّل جب بلندی پر ہوتا ہے۔ ...... اور اپنے انتہائی کمال پر ظاہر ہوتا ہے تو فردوس کی پرچھائیاں تو ایک طرف رہیں فردوس بھی ہلکا اور ماند پڑ جاتا ہے۔

چوتھے بند کا یہ مصرعہ "جیسے تجھ پر پڑ گئیں فردوس کی پرچھائیاں" نہایت لطیف ہے اور تاج کی خوبصورتی کو اچھے خاصے انداز میں

تصور پہ طاری کر دیتا ہے، پہلے بند کا یہ مصرعہ ؎

تاج اسے تسکین بخش دیدۂ آشفتگان

مکمل فارسی مصرعہ ہے لیکن معنوی اعتبار سے اور شعری ترتیب کے لحاظ سے چست اور بندھا ہوا ہے۔ لیکن تیسرا مصرعہ ؎

تجھ سے واضح ہو رہی ہیں پیار کی رعنائیاں

یہاں "رعنائیوں" کے ظہور کے لئے لفظ "واضح" کافی نامناسب ہے بلکہ غیر شعریت کا متحمل ہے۔ پھر اس میں بند کا آخری مصرعہ ہونے کی کیفیت بھی نہیں ـــــ اس کے باوجود نظم لائق توجہ ٹھہرتی ہے۔

عارف بیابانی

تاج محل

خطۂ ارضی پہ ہے تو عکسِ گلزارِ ارم
ہے ترا اعزاز ظاہر، برملا ترا حشم
مُنھ دھلاتا ہے ترا آ آکے بارانِ کرم
صاف رہتا ہے ہمیشہ تیرا روئے محترم
بارگاہِ ناز میں تیری اگر بھولے سے آئیں
حافظِ شیراز گلگشتِ مصلیٰ بھول جائیں

مدح سے ہے بے نیاز اس قصر کا حسن و جمال
بے نظیری اس کی ہے مانی ہوئی بے قیل و قال
ایک مرکز پر نظر آتے ہیں ماضی اور حال
عشق کی تاثیر ہے یہ حسن کا ہے یہ کمال
جب اچانک قلب پر پڑتا ہے اس کا انعکاس
خود بخود زائر کے گم ہو جاتے ہیں ہوش و حواس

۱۵۴

عشق کے پرتو جھلکتے ہیں در و دیوار سے
آتی ہے بوئے وفا ہر وقت اس گلزار سے
واصف اس کا ہے ہر اک پتہ لبِ اظہار سے
شان اس کی ہے عیاں زیبائشِ اشجار سے
تاجدار مغلیہ کی ہے یہی روحِ رواں
بن گیا ہے جس کا ہر اک نقش نقشِ جاوداں

یہ نظم حسن بیان اور الفاظ کا دلکش آہنگ لیے ہوئے ہے۔ عارفؔ بیانی "تاج" میں ماضی اور حال ایک مرکز پر دیکھتے ہیں اور کہتے ہیں ؎

ایک مرکز پر نظر آتے ہیں ماضی اور حال

یہ اسلئے ہی کہ اس میں اب تک کوئی تغیر نہیں آسکا اور وقت اور زمانہ اپنی گردشوں کا کوئی اثر نہ ڈال سکا یہ ایک حقیقت ہے اور یہ بھی ایک حقیقت ہی ہے جس کا اعتراف غیروں نے بھی کیا ہے ؎

جب اچانک قلب پر پڑتا ہے اس کا انعکاس
خود بخود زائر کے گم ہو جاتے ہیں ہوش و حواس

واقعی دیکھنے والا اس کی خوبصورتی میں اتنا کھو جاتا ہے کہ اس کو اسمیں کوئی نقص یا عیب دیکھنے کا ہوش ہی نہیں رہتا۔

لیکن یہ تو کچھ بے جوڑ سی بات ہے ؎

بارگاہِ ناز میں تیری اگر بھولے سے آئیں
حافظِ شیراز گلگشتِ مصلیٰ بھول جائیں

بات کہیں کی ہے اور درمیان میں کہیں کی بات لاکر ٹھونس دی، پہلے بند کے بعد دوسرے بند کی اور دوسرے بند کے بعد تیسرے بند کی کیفیت رو بہ زوال ہو گئی ہے — پھر نظم خطاب سے "بیان" کے مرحلے میں آجاتی ہے اس لئے نظم کا کیفیاتی حسن ترتیب نہیں پا سکتا ہے۔ یہ نظم کا ایک بڑا نقص ہے — پھر بھی بعض پہلوؤں کے پیش نظر نظم خوب ہے۔

۱۵۶

شہاب قاضی پوری

تاج محل

بر لبِ حسن و وفا نغمہ فزا ہے چار سو
اے نشانِ رنگ و لو اے نغمۂ جام و سبو
اہلِ دنیا کو اگر درسِ وفا دیتا ہے تاج
بر بر تبت زرد رو ہے آدمیت سرخ رو

دل کی تحریکِ تمنا کا ہے زندہ شاہکار
خواہشِ اہلِ وفا منت کشِ دولت نہیں
ایک محبوبہ کی عظمت کا ارادہ چاہیئے
خود نمائی جذبۂ تعظیم کی فطرت نہیں

شہاب قاضی پوری نے اس نظم میں تاج کو "دل کی تحریکِ تمنا کا ہے زندہ شاہکار" کی حیثیت سے تسلیم کیا ہے۔

تاج کیا محبت کی ہر یادگار کی بنیاد یہی ہوتی ہے بلکہ تاج کی بنیاد تحریکِ تمنا کم ہی محسوس ہوتی ہے کیونکہ یہ منت کش دولت بھی ہوئی اور اس میں کسی قدر خود نمائی بھی در آئی۔

یوں شہاب صاحب "تاج" کی تعمیر کو منت کش دولت سمجھنے والوں کو جواب دیتے ہیں اور اس میں انہیں تمنائے دلی ہی متحرک نظر آتی ہے اور سچا جذبہ تعظیم محسوس ہوتا ہے۔

اگرچہ پہلے بند سے دوسرے بند کا فاصلہ بہت ہے اور بظاہر یہ ایک دوسرے سے الگ الگ معلوم ہوتے ہیں لیکن اصلیت یہ نہیں ہے پہلی وجہ تو یہ ہے کہ یہ ایک نظم کے اقتباسات ہیں مکمل نظم نہیں۔ دوسری بات یہ کہ بیان کا رُخ بھی قدرے ایک دوسرے سے مختلف ہے پھر بھی یہ ایک سلسلے میں منسلک ہیں اور "تاج" کی صوری و معنوی خوبصورتی میں اضافہ کرتے ہیں: پہلا بند بھی اپنے افادی حسن سے قابلِ توجہ ٹھہرتا ہے۔ اور

"اے نشانِ رنگ و بو" "اے نغمہ جام و سبو"

"تاج" کی رعنائیوں کی طرف اشارہ کرتا ہے

ارمان شام نگری

تاج محل نہ بن سکا

دی ہے تشبیہہ کبھی شام و سحر سے تم کو
کبھی آگاہ کیا حسنِ نظر سے تم کو
ہر طرح تم پہ کیا جذبہ دل کو قرباں
ہم نے تولا نہ مگر لعل و گہر سے تم کو
جاودانی ہے ہماری بھی وفاداریٔ عشق
ہم غریبوں سے مگر بن نہ سکا تاج محل

رشکِ گل، رشکِ قمر، رشکِ چمن جانا ہے
گلبدن سمجھا ہے اور غنچہ دہن جانا ہے
کون کہتا ہے کہ تشبیہہ غلط دی ہم نے
تم کو ہر صبح بہاراں کی کرن مانا ہے
جاودانی ہے ہماری بھی وفاداریٔ عشق
ہم غریبوں سے مگر بن نہ سکا تاج محل

۱۵۹

ہم نے کبھی حسنِ مجسم کی حقیقت سمجھی
فکرو نغمے کیلئے ان کی ضرورت سمجھی
کتنے شہکار کی تکمیل بھی کی ہے ان سے
جب سے فنکار نے شہکار کی قیمت سمجھی

جاودانی ہے ہماری بھی وفاداری عشق
ہم غریبوں سے مگر بن نہ سکا تاج محل

۱۶۰

اگرچہ بظاہر اس نظم کا مرکزی خیال یہی ٹھہرتا ہے ؎

جاودانی ہے ہماری بھی وفادارئ عشق
ہم غریبوں سے مگر بن نہ سکا تاج محل

لیکن یہ تو محض ایک میکانکی بات ہے اور اس کے ہر بند کے بعد آنے سے ہر بند کا اثر بجائے ابھرنے کے دب بھی جاتا ہے کیونکہ اس میں جذبہ روح بن کر کوندا نہیں ورنہ نظم جن تخیلات پر مبنی ہے وہ حسن سے بھرپور ہیں۔ اور ایک نیا نویلا انداز بھی رکھتے ہیں اگر یہ ابھر کر موزوں طور سے سامنے آجاتے تو نظم موجودہ صورت سے کئی گنا زیادہ خوبصورت ہو جاتی ۔

"ہم نے تولا نہ مگر لعل و گہر سے تم کو" جب یہ کہہ دیا جائے تو پھر 'تاج محل' جیسی یادگار قائم کرنے کی حسرت کیوں ۔ کیونکہ یہ انداز اپنی جگہ 'تاج محل کی تعمیر سے کم اہم نہیں ہے اس صورت میں تو اپنی بساط سے آگے بڑھ کر ہی کچھ کیا جاتا ہے 'تاج محل' کی صورت میں شاہجہاں کی بساط تو غالباً تاج محل سے بھی آگے تھی، کوئی یہ کر سکتا ہے اور کوئی وہ کر سکتا ہے ۔ دیکھنا تو یہ ہے کہ کوئی اپنے مقدور کی حدود کو کہاں تک پھلانگتا ہے ۔

اس نظم کے معنوی حسن میں کہیں کہیں بے جا اکھڑاپن احساسات کو ٹھیس سی پہنچاتا ہے ۔ یہ غالباً شاعر کی نیم سوختگی کا نتیجہ ہے ...... آرزو ہوتی ہے کہ یہ نظم اپنے میکانکی انداز سے پاک ہوتی ۔